KB118874

말 잘하는 사람은
잡담부터 합니다

말 잘하는 사람은
잡담부터 합니다

일과 관계가 술술 풀리는
37가지 대화의 법칙

요시다 유코 지음 | 부윤아 옮김

똑같이 말하는데
왜 저 사람 말만 통할까?

'누구와 만나든 자연스럽게 잡담을 나누고 싶다.'

'처음 만나는 사람과도 편안하게 대화를 이어나갈 수 있다면 얼마나 좋을까?'

'내 센스 있는 말솜씨로 사무실 분위기가 밝아진다면 참 좋을 텐데.'

'이야기를 재미있게 해서 호감을 줄 수 있었으면!'

지난 16년 동안 줄곧 내 머릿속을 떠나지 않았던 고민이다. 강사이자 작가로 일하며 나는 연구에 연구를 거쳐 '잡담 잘하는 법'을 모색해왔다. 시답지 않은 말, 쓸데없는 수다, 심지어 하면 안 되는 말로 취급되기도 하는 '잡담'에 그토록 집착했던 이유는 무엇일까?

그 첫 번째 이유는 강사로 일하면서 수업 시간에도 때로는 센스 있는 잡담이 꼭 필요하다는 걸 뼈저리게 느꼈기 때문이다. 많은 사람이 대수롭지 않게 여기지만 잡담의 힘은 실로 엄청나다. 두 시간이 넘게 이어지는 고전 수업을 계속 집중해서 듣기란 결코 쉬운 일이 아니다. 처음에는 눈을 반짝이며 수업을 듣던 학생도 얼마 지나지 않아 고개를 떨구고 집중력을 잃는다. 그때 수업 내용에서 살짝 벗어난 잡담을 하면 집중력을 잃어가던 학생들이 번쩍 고개를 든다. 단 몇 분의 짧은 잡담으로 기분을 전환시켜 다시 수업에 집중하도록 만드는 것이다.

그렇다고 해도 수업과 전혀 관련이 없는 이야기를 하는 것은 시간 낭비다. 뜬금없이 연예인 이야기나 방송 프로그램 이야기를 하는 대신 주변에서 들은 입시 체험담으로 나른해 보이는 학생들에게 의욕을 불러일으키기도 하고, 먼 나라 이야기처럼 들리는 고전 설화에 좀 더 감정 이입을 할 수 있도록 현대의 에피소드에 비유해보기도 한다. 이처럼 나는 '어떤' 잡담을 '어떻게' 이야기해야 효과적인지 학생들의 반응을 직접 살펴보면서 지난 시간 동안 시행착오를 거듭해왔다.

잡담 기술을 탐구해온 또 하나의 이유는 강사가 아닌 또 다른 내 직업 때문이다. 나는 강사 생활과 병행해 책을 쓰거나 기업 연구에서 직장인을 대상으로 대화법 강의를 하며 많은 사람과 만나는 나날을 보내고 있다. 때로는 신문이나 잡지 등에 인터뷰가 실릴 때도 있다. 인터뷰는 대체로 처음 만나는 기자와 한두 시간 (취재라는 이름의) 대화를 나눈 뒤, 그 내용이 정리되어 기사로 나가는 식이다. 처음에는 이 과정이 무척이나 곤혹스러웠다. 아무리 인터뷰라는 목적이 있다고 해도 낯선 사람과 처음 만나 이야기하는 터라 취재 도중에 꼭 어색한 침묵이 내려앉곤 했다. 그럴 때면 그 자리에서 도망치고 싶을 만큼 머쓱해졌다. 단둘이 대화를 나누는 자리에서 몇 초 간 정적이 흐르면 다시 대화를 이어가기가 상당히 어렵다. 다행히도 몇십 번이고 경험을 쌓아온 덕분에 지금은 처음 만나는 사람과도 즐겁게 이야기할 수 있을 만큼 충분히 잡담의 요령을 터득했다.

어느 날 문득 '내가 16년 동안 겪어온 시행착오가 누군가에게도 참고가 될 수 있겠다'는 생각이 들어 이 책을 집필했다. 강사로 일하면서 단련해온 잡담 기술은 프레젠테이션이나 연수처럼 많은 사람 앞에서 이야기할 기회가 있을 때 도움이 될지 모른다. 매일 다양한 사람과 만나며 터득한 화기애애한 분위기를 만드는 대화 기술은 영업 직종에 종사하거나 사람을 자주 대면하는 일을 하는 사람들에게 특히 더 유익할 것이다. 애초에 모든 사람이 매일 누군가와 대화를 나누며 살아가고 대화는 언제나 잡담에서 시작되므로, 이 책은 폭넓은 사람들에게 도움이 될 것이라 확신한다.

능숙한 잡담 기술을 익히는 것만으로도 커리어에 다양한 가능성이 생겨나고 인간관계의 폭이 넓어진다. 잡담에는 구체적으로 세 가지의 이점이 있다.

첫째, 새로운 인간관계를 형성할 수 있다. 잡담에 자신이 없는 사람은 파티나 세미나처럼 새로운 이들과 만나는 자리에 갈 때면 내내 쭈뼛거리고 아무에게도 말을 걸지 못하다가 별 소득 없이 집에 돌아오곤 한다. 하지만 잡담 기술을 익히면 동석한 사람과 소소한 대화를 나눔으로써 작은 인연을 맺을 수 있다. 상대방이 내 이름과 내가 하는 일을 기억해준다면 그 후에 새로운 일을 도모할 기회가 생길 수도 있다. 인생에 한층 더 많은 기회가 생겨나는 것이다.

둘째, 조직을 편안한 곳으로 만들 수 있다. 예를 들어 사무적이고 딱딱한 분위기의 회사에 다닌다면 센스 있는 잡담 한마디가 큰 도움이 될 것이다. 일하는 중간에 슬쩍 잡담을 더해 분위기를 부드럽게 만들 수도 있고, 업무 중에도 센스 있는 말로 동료들 사이에 이해와 협력을 이끌어낼 수 있다.

일을 하다 보면 매일 잡담만 하는 것 같은데 이상하게도 업무 실적이 탁월한 사람이 있다. 그 사람의 주변에는 언제나 사람들이 몰리고, 똑같은 말을 해도 상사들은 그 사람의 말에 유달리 귀를 기울이며, 거래처에서는 자꾸 그 사람을 찾는다. 그런 사람은 필시 '잡담에 능한' 사람일 것이다. "초보는 본론부터 꺼내지만 프로는 잡담으로 시작한다"라는 말이 있다. 진짜 일을 잘하는 사람들은 잡담으로 대화의 물꼬를 트고 분위기를 리드하며 상대방이 자연스럽게 자신의 요구를 받아들이도록 만든다.

셋째, 가족과 친구, 비즈니스 파트너와의 관계를 더욱 발전시킬 수 있다. 대화가 풍성해지면 자연스럽게 관계가 깊어지고 사이가 돈독해지는 법이다. 잡담은 작은 다툼 후 어색한 관계를 회복하고 싶을 때도 빛을 발한다. 다들 가족과 별 볼 일 없는 이유로 언쟁을 한 후 천연덕스럽게 "저녁에 뭐 먹고 싶은 것 있어?"와 같은 말 한마디로 어벌쩡 화해한 적이 있을 것이다. 잡담의 유용성이 오롯이 느껴지는 순간이다. 얼핏 사소해 보이는 잡담 기술은 이처럼 일터에서도, 일상에서도 큰 무기가 된다.

부디 독자들이 잡담의 요령을 익혀 자신의 세계를 넓히고 풍부한 인간관계를 쌓아나가길, 그리고 이 책이 그 여정에 작은 도움이 되길 바란다.

이 책은 잡담에 대한 책이므로 즐겁게 이야기를 나눈다는 느낌으로 읽어주길 바란다. 나 역시 수업에서 학생들에게 이야기를 건네듯이 집필했다. 각 장의 첫 부분에는 나에게 던지는 질문인 'Ask Yourself' 코너를 만들어두었다. '당신은 낯을 가리는 편인가요?' 같은 간단한 질문이다. 내용을 읽기 전에 질문을 보고 먼저 자신이 어떤 사람인지 생각해보길 바란다. '예', '아니요' 같은 선택지에 동그라미를 쳐보고, 주관식 질문에는 괄호 안에 그 답을 써보자. 이 과정은 마음의 준비 스위치를 켜는 작업이다. 먼저 자기 자신이 어떤 사람인지 돌아보고 마음의 준비를 하며, 수업을 적극적으로 듣는 자세를 취해주길 바란다.

책 전체에 걸쳐 나는 내 이야기를 하면서 동시에 독자들에게 질문을 던졌나. 내가 던지는 질문에 대답하면서 납득이 되는 부분이 나온다면 고개를 끄덕이거나 인덱스를 붙이고 줄을 그어보라. 만약 고개를 갸웃거리게 되는 부분이 있다면 자신의 생각을 덧붙여도 좋다. 책과 도란도란 잡담하듯 활용해준다면 더할 나위 없겠다.

'고작' 잡담일 뿐이지만 의외로 잡담에는 수많은 가능성이 숨어 있다. 한없이 가볍지만 그 무엇보다도 깊이 있는 대화 기술인 잡담의 세계로 들어가보자.

요시다 유코

목차

4장. 잡담을 한층 더 빛나게 하는 구성의 기술

5장. 모든 관계는 잡담에서 시작된다

1장

호감을 만드는 잡담,
비호감을 만드는 잡담

다시 만나고 싶은 사람이
되는 잡담법

우리는 부드러운 분위기 속에서 보다 즐겁게 이야기를 나누기 위해 잡담을 한다. 즉, 잡담의 1차 목적은 편안하고 화기애애한 분위기를 만드는 것이다. 더 나아가 잡담을 나눔으로써 상대방과 친해질 수 있다면 금상첨화일 것이다.

이런 '잡담의 목적'을 이루기 위해 가장 피해야 할 일은 이야기를 나누는 사람들 사이에 '상하 관계'를 만드는 것이다. 잡담을 할 때조차 거만하게 설교하듯이 이야기하는 사람을 대체 누가 좋아하겠는가? 어떤 이야기를 가볍게 꺼냈는데 상대방이 그 주제에 대해 더 잘 안다는 이유로 나를 무시하거나 업신여긴다면 아마 당신은 절대 그 사람과 다시 만나고 싶지 않을 것이다. 잡담은 어디까지나 분위기를 좋게 만들기 위한 것이므로, 사회적 위치나 연령 등을 떠나 대등한 관계로 이야기를 나누는 것이 바람직하나.

잡담 중에 상하 관계를 만드는 사람이 과연 있을까 싶지만, 고의는 아닐지라도 무심코 그런 관계를 만드는 말이 있기에 더 주의해야 한다. 그 문제의 문구가 바로 "모르셨어요?" 또는 "몰라?"라는 말이다. 말하는 사람은 별생각 없이 가볍게 입에 담았을 수도 있지만 상대방에게는 "(그런 기본적인 것도) 모르셨어요?", "(당연히 알고 있어야 할 사실인데 너는 그런 것도) 몰라?"라고 들릴지도 모른다.

"모르셨어요?"는 일종의 서열을 만드는 말이다. '내가 당신보다 위에 있다'는 것을 과시하는 언동이다. "모르셨어요?"라는 말을 들은 사람은 상대방이 자신을 얕잡아보고 있다는 느낌을 받는다. 자기 자랑만 하고, 심지어 자신이 더 우월하다는 듯 말하는 사람과는 어떤 내용의 대화를 나누든 그 시간이 즐거울 리 없을 것이다. 대화의 분위기는 말투가 결정한다. 아무리 유익한 대화를 나누었더라도 내내 나를 무시하는 말투였다면 누가 그 사람과 다시 만나고 싶겠는가.

지식이 많고 적음에 따라 대화를 나누는 사람 사이에 상하 관계가 생기는 것은 바람직하지 않다. '어쩔 수 없이 내가 가르쳐줘야겠군'이라는 거만한 태도를 취하지 않도록 조심하자. 이야기를 하면서 "어, 그런 것도 몰랐어요?"라는 말이 나올 것 같을 때는 꾹 참고 그 말을 꿀꺽 삼켜보자. 그 사람은 어쩌다 우연히 당신이 알고 있는 것을 딱 하나 몰랐을 뿐이다. 다른 분야에 대해서는 당신보다 훨씬 더 자세히 알고 있을지도 모른다. 겨우 한 가지 지식을 더 알고 있다고 해서 거만한 태도를 취하거나, 상대를 얕잡아보는 것은 경솔한 일이다. 무엇이든 가르치려 드는 거만한 사람은 꼴사나워 보이기 십상이다. 잡담은 어디까지나 본격적인 대화에 앞서 분위기를 부드럽게 만들기 위한 양념일 뿐인데, 도리어 잡담으로 사이가 악화되고 분위기가 어색해진다면 안 하느니만 못하게 된다.

특히 뉴스나 최신 트렌드를 잡담의 소재로 활용할 때 "모르셨어요?"라는 말을 하지 않도록 주의해야 한다. 자신만 알고 있다는 생각에 흥분한 나머지 무심코 상대방을 무안하게 만들 수 있기 때문이다. 그러니 앞으로는 새로운 정보를 화제로 삼을 때 "모르셨어요?"라는 말 대신 "혹시 ○○에 대해 들어보셨나요?"라는 말로 대화를 시작해보자.

내가 속한 업계의 새로운 뉴스나 화두를 이야깃거리로 삼았다면 한 가지 더 주의해야 할 점이 있다. 업계나 전문 영역에 대한 최신 화제는 그 업계에 종사하지 않는 사람들에게는 지나치게 새로울 수 있다는 것이다. 당신도 모르는 사이에 "모르셨어요?"라는 말이 자꾸 튀어나와 상대방의 기분을 상하게 만들 수도 있다. 그리고 상대의 상식에서 지나치게 벗어나는 소재가 되어 흥미를 끌지 못하거나, 아예 이야기가 통하지 않을 수도 있다. 그러면 결국 대화는 "아, 그렇군요……"라는 어색한 말로 끝나버린다.

역사를 연구하는 한 대학 교수는 "학회에서 발표된 새로운 가설이 사회에서 상식이 되기까지는 30년에서 50년 정도가 걸린다"라고 말한 적이 있다. 이는 비즈니스에서도 마찬가지다. 한 투자가는 "TV에서 주목해야 할 이슈로 소개하는 산업은 이미 쇠퇴기에 들어서 있다"라고 말하기도 했다. 어떤 분야의 새로운 정보가 세간에 알려지려면 그 분야의 전문가가 주목한 후 최소한 몇 년은 지나야 한다. 그러므로 가장 최근에 들은 새로운 정보보다는 들은 지 조금 지난 정보, 몇 걸음 앞이 아닌 '반걸음' 정도 앞선 정보를 화제로 삼아보자. 상대방은 오히려 최신의 정보라고 여기며 흥미롭게 생각할 수 있다. 만약 이미 접한 정보라고 해도 "그 얘기 저도 들어봤어요" 같은 말로 맞장구를 치며 자신이 아는 이야기를 들려줄 것이다.

원 포인트 레슨
잡담의 목적은 어디까지나 분위기를 좋게 만드는 것!
'상하 관계' 형성은 백해무익하다.

대화에도
균형이 필요하다

2018년 일본의 통신 기업 KDDI에서 18~34세의 젊은 세대를 조사한 결과 남성 중 44.5퍼센트, 여성 중 35.5퍼센트가 자신을 '어떤 분야의 오타쿠라고 생각한다'고 답했다. '오타쿠'란 자신이 좋아하는 분야나 관심 있는 분야에 극단적인 열정과 애정을 보이는 사람을 가리키는 말로, '마니아Mania'보다도 한 발 더 나아간 수준을 뜻한다.

나 역시도 여러 장르의 오타쿠이기에 이번 장에서는 스스로에 대한 반성을 담아 설명해보겠다. 물론 오타쿠가 되는 것 자체가 문제는 아니다. 오타쿠가 될 정도로 무언가를 좋아하는 것은 그 자체로 인생의 활력이 된다. 게다가 오타쿠라 불릴 만큼 어떤 분야를 깊게 좋아하는 모습은 상대방에게 열정을 고스란히 전달해주는 좋은 수단이 될 수도 있다. '무얼 하든 열과 성을 다하는 사람'으로 보여 비즈니스에서는 좋은 인상을 남기기도 한다.

다만 주의해야 할 점이 있다. 오타쿠들은 종종 자기도 모르게 '따발총 토크'를 하기가 쉽다는 것이다. 따발총 토크란 좋아하는 장르가 화제로 거론되면 갑자기 어떤 버튼이라도 눌린 듯이 엄청난 기세로 끊임없이 이야기를 해대는 것을 말한다. 당신이 좋아하는 분야에 대해 이야기했던 때를 되돌아보자. 열정적이고 즐겁게 이야기했으니 주위 사람들도 분명 흥미롭게 들었으리라고 생각하는가? 하지만 곰곰이 생각해보면, 이야기를 할 때 주위 사람들의 반응이 어떠했는지 잘 기억이 나지 않을 것이다. 많은 경우 오타쿠들은 주위 사람의 반응은 전혀 거들떠보지도 않고 혼자 폭주 기관차처럼 떠들어댄다. 결국 듣는 사람은 '아, 또 시작이네'라고 생각하며 슬그머니 휴대폰을 꺼낸다.

물론 이는 당연히 오타쿠에게만 해당하는 문제가 아니다. 모든 대화에는 균형이 필요하다는 사실을 유념해야 한다. 혼자서만 이야기를 계속하는 버릇이 있다면 모두가 조용한 가운데 나 홀로 떠들고 있는 상황이 발생하지 않도록 신경을 쓰며 대화에 참여해보자. 사실 내와 기술의 관점에서 보면 입을 꾹 다무는 것보다도 습관적으로 따발총 토크를 하는 것이 훨씬 심각한 문제다. 그렇다면 따발총 토크는 왜 그렇게나 문제인 걸까?

 첫 번째로는 빠른 말을 알아듣기 힘들어하는 사람이 있기 때문이다. 글을 빨리 읽지 못하는 사람이 있듯이, 귀로 정보를 알아듣는 것에 서투른 사람도 있다. 이런 사람은 빠른 속도로 수많은 정보를 쏟아내는 따발총 토크를 들으면 아무리 집중해봐도 제대로 알아듣기가 힘들다. 그렇다고 멈추지 않고 신나서 말하는 사람에게 "잘 알아듣지 못하겠으니 조금만 천천히 말해주시겠어요?"라고 부탁하기도 어렵다. 결국 알아듣지 못하는 이야기를 멍하니 '소리만' 듣는 상황에 처하게 되고, 대화는 서서히 어긋나버린다.

 게다가 상대가 잘 알지 못하는 분야라면 문제가 더욱 심각해진다. 따발총 토크 속에 처음 듣는 단어나 익숙하지 않은 개념이 잔뜩 포함되어 있을 터이니 관심 없는 사람 입장에서는 더더욱 알아듣기 어려울 수밖에 없다.

　나 역시 이런 이유 때문에 공인중개사들과 오래 대화하는 걸 좋아하지 않는다. 공인중개사들이 말하는 모든 용어가 낯선데, 기염을 토하듯이 빠른 속도로 방대한 내용을 쏟아내기까지 하면 머릿속에 내용이 전혀 입력되지 않는다. 심지어 나는 말이 빠른 편인 데다가 귀로 정보를 듣는 것에 매우 익숙한 사람인데도 말이다.

　따발총 토크는 2인 3각 경기 도중 파트너는 내버려두고 혼자서 달려가는 것과 다를 바가 없다. 파트너를 배려하지 않고 혼자 달리면 파트너도, 당신도 넘어지고 만다. 대화도 마찬가지다. 당신이 저만치 달려가는 사이에 상대방은 지친 나머지 들으려는 노력조차 하지 않게 될 것이다.

　또 따발총 토크는 상대방의 반응을 살펴볼 틈까지도 없애버린다. 다소 말이 빠른 사람이라도 상대방의 반응을 살피고 못 알아듣는 것 같을 때 반복해서 설명해주면 원활한 대화를 해나갈 수 있다. 그러나 따발총을 쏘듯 말하다 보면 내가 흥분한 나머지 상대방의 반응을 살펴야 한다는 대화의 기본 매너조차 잊어버리게 된다. 상대방이 반응할 틈과 그 반응에 내가 다시 호응할 틈도 없이 말 그대로 '따발총을 연사하듯' 계속 이야기하다 보면 결국 상대방은 멍하니 홀로 남겨진다.

무엇보다도 따발총 토크를 하면 한 사람이 이야기하는 비율이 지나치게 높아진다는 문제가 발생한다. 모든 것에는 균형이 필요하듯이 대화에도 균형은 필수다. 혼자 일방적으로 이야기하면서도 상대방을 즐겁게 만들 수 있는 사람은 전문 MC나 코미디언뿐이다. 관심도 없는 남의 말을 묵묵히 듣고 있는 게 얼마나 스트레스 받는 일인가. 자신도 이야기를 할 시간이 있을 때, 자신의 말을 꺼내놓을 공간이 있을 때 비로소 그 대화가 편안하고 기분 좋게 느껴진다. 따라서 내가 이야기하는 시간과 상대방이 이야기하는 시간이 4 대 6 정도의 비율을 이루도록 의식하며 대화에 참여해보자.

여기서 따발총 토크를 줄이는 팁을 하나 알려주겠다. 평소 자기도 모르게 따발총 토크를 남발했다면 참고해보자. 우선 왜 자꾸 따발총 토크를 하게 되는 걸까? 평소에 자신의 이야기를 할 기회가 부족하면 어쩌다 말할 일이 생겼을 때 너무 기쁜 나머지 폭주해버리는 것이다. 그러면 혼자 한껏 고양되어 자신의 이야기만 줄줄 늘어놓기 쉽다. 실제로 혼자 사는 고령의 환자들이 자신의 이야기를 들어주길 바라는 마음에 의사나 간호사를 장시간 붙잡아두어 의료진들이 곤란해지는 일이 많다고 한다. 그러므로 대화의 기회가 생겼을 때 폭주하지 않도록 '말하고 싶은 욕구'를 평소에 조금씩 풀어두자. 그러면 따발총 토크를 어느 정도 자제할 수 있다.

가족, 연인, 친구 등 가까운 사람들과 자주 이야기할 기회를 만들거나 블로그 또는 SNS 등 자기 표현의 장을 만들어두자. 다른 사람과 엮이기 싫으면 일기장에 쓰는 방법도 있다(그 유명한 『안네의 일기』도 가공의 존재 '키티'에게 이야기를 들려주는 형식이다). 집에 있는 인형이나 관엽식물에 이야기를 들려줘도 괜찮다. '이야기하고 싶은 욕구'가 지나치게 쌓이지 않도록 하면 된다. 이렇게 욕구를 조금씩 풀어두면 정신없이 자기 이야기만 늘어놓아 상대방의 기분을 상하게 만드는 일을 피할 수 있다.

일방적인 따발총 토크를 피하고, 말하는 속도를 알아듣기 쉽게 조절하는 것, 그리고 상대방의 반응을 살피며 그들이 이야기할 틈도 충분하도록 균형을 맞추는 것. 바로 이것이 잡담의 기본 매너다.

원 포인트 레슨
이야기하는 시간은 내가 40퍼센트,
상대가 60퍼센트!

나서지 않고
우아하게 리드하는 법

Ask Yourself

여러 사람들과 어울려 노래방에 가는 것을 좋아합니까?

좋아한다 ☐

그저 그렇다 ☐

싫어한다 ☐

티 나게 나서지 않고도 우아하게 대화를 리드하는 잡담의 고수들이 있다. 그들의 비결은 바로 '분위기를 파악하는 능력'에 있다.

물론 비즈니스를 할 때는 분위기보다도 용건이 더 중요하다. 어떤 자리든 빠르고 효율적으로 최선의 방법을 강구하는 게 비즈니스 대화의 목적이므로, 이때는 분위기에 크게 좌우되지 않는다. 하지만 잡담을 나눌 때는 무엇보다도 분위기를 읽는 것이 중요하다.

자신은 정말 눈치가 없어서 분위기 파악이 힘들다고 어려움을 토로하는 사람들도 있다. 그렇다면 '분위기 파악'이란 건 대체 무엇일까? 쉽게 말해 '상대방의 기분을 해치지 않고 대화의 흐름을 이어나가는 것'이라고 할 수 있다. 아직도 이해가 잘 안 되는가? 그렇다면 노래방에 갔을 때를 떠올려보자. 회사 동료들과 함께 노래방에 가면 모두들 분위기를 파악해 선곡하고 노래할 것이다. 그 요령을 잡담에도 그대로 적용해보자.

① 차례차례 노래한다 → 차례차례 이야기한다

여러 사람이 노래방에 가면 보통 돌아가면서 노래를 한다. 형식적으로 순서를 정해놓지 않아도 노래할 기회가 어느 정도는 균등하게 돌아간다. 노래를 전혀 하지 않은 채 박수만 치고 있는 사람이 있으면 살짝 다가가 "○○씨 노래했어요?"라고 말을 걸어 권하기도 한다. 즉, 동료들과 함께 간 노래방에서 마이크를 놓지 않은 채 혼자서만 계속 노래를 부르는 사람은 별로 없다. 사회생활을 하는 사람이라면 누구나 그 정도의 분위기 파악은 할 수 있다는 뜻이다.

이를 그대로 잡담에 적용하면 된다. 노래방에서 차례차례

돌아가며 노래를 부르듯이 잡담을 할 때도 대화 참여자 모두가 균형 있게 발언할 수 있도록 분위기를 조성하라는 의미다.

혹시 말주변이 없어서 내 차례가 오는 게 두려운가? 그렇다면 당신은 그 자리의 균형이 유지되도록 여러 사람에게 이야기를 돌리는 역할을 맡으면 된다. 이렇게 말하면 조금 거창하게 들릴 수도 있지만, 실전에서는 매우 간단한 역할이다. 마치 토크쇼 MC가 사회를 보듯이 "○○씨는 이 문제에 대해 어떻게 생각해요?"라고 넌지시 질문을 던지면 된다. 이 역할을 맡으면 입담이 좋아야 한다는 부담을 덜 수 있고, 동시에 자연스럽게 잡담에 참여할 수 있다.

② 어울리는 노래를 선곡한다 → 어울리는 화제를 고른다

보통 동료들과 함께 노래방에 가면 모두가 다 같이 즐기기에 적당한 노래, 즉 그 자리에 있는 사람 대부분이 알 법한 노래나 댄스 곡을 고른다. 그런데 한껏 분위기가 달아올라 와자지껄한 와중에 갑자기 어둡고 슬픈 노래를 부르면 찬물을 끼얹은 꼴이 된다. 물론 간혹 발라드로 분위기가 전환될 때도 있지만, 그것도 어디까지나 분위기를 보고 하는 것이다. 다들 한

창 즐기고 있을 때 갑자기 발라드를 부르면 어색해지기 마련이다.

잡담도 마찬가지다. 그 자리에 있는 사람들이 대부분 잘 알고 공감하는 화제, 그리고 누구나 기쁘게 이야기할 수 있는 긍정적인 화제를 선택하는 편이 무난하다. 몇몇이 소외되는 화제나 분위기를 가라앉히는 화제, 거북한 화제는 되도록 피하는 편이 좋다. 분위기를 부드럽게 만들기 위해 시작한 잡담이 자칫 어색한 침묵을 만들어낼 수 있으니 말이다.

③ 선곡의 흐름에 맞춘다 → 화제의 흐름에 맞춘다

한참 동안 밝고 흥겹게 즐기다가도 어느 순간 발라드로 분위기가 전환되기도 한다. 들썩이던 분위기가 차츰 가라앉고 다들 잠시 휴식을 갖는 타이밍에 보통 발라드로 선곡의 흐름이 바뀌는 것이다. 그럴 때는 대개 그러한 흐름에 맞춰 그다음 사람도 조금 어두운 노래나 발라드를 선택한다. 사람들이 자신의 선곡에 호응해주면 분위기를 살짝 바꿔본 사람도 기분이 좋아진다.

이런 '선곡의 흐름에 맞추기'를 잡담에도 적용해볼 수 있다.

자신이 이야기하고 싶은 소재가 있더라도 먼저 그 자리의 흐름부터 고려하는 것이 포인트다. 사람들은 대부분 돋보이는 사람보다도 분위기를 잘 맞추는 사람, 배려하는 사람에게 더 호감을 갖는다. 모두가 엄청나게 재미있어하는 소재라고 하더라도 그것을 이야기하기 위해 흐름을 뚝 끊으면 '상대방을 배려하지 않는 사람'으로 인식되고, 그만큼 호감도도 떨어진다. 아무리 좋은 화제라고 해도 갑자기 분위기를 깨버린다면 환영받지 못할 확률이 훨씬 높다.

앞에서 말했던 '잡담의 목적'을 기억하는가? 첫째는 분위기를 부드럽게 만드는 것, 둘째는 호감을 주고 상대방과 보다 좋은 관계를 형성하는 것이다. 재미있는 이야기를 하려다가 도리어 분위기를 가라앉게 만들고 호감까지 잃는다면 그보다 나쁜 결과는 또 없을 것이다.

마지막으로 혹시나 이 말을 오해할까 싶어 노파심에 말하자면, 서로가 속속들이 아는 아주 친한 사이라면 노래방에 가서 마이크를 붙잡고 놓지 않든, 느닷없이 발라드를 부르든, 자신만 좋아하는 독특한 곡을 부르든 아무 상관이 없다! 아주 친한 사이의 잡담도 마찬가지다. 그럴 때는 어떤 이야기든 하고 싶은 말을 하면 그만이다.

원 포인트 레슨
눈치껏 그 자리의 분위기를 파악해
대화의 흐름을 이어간다.

당신이 자꾸
낮을 가리게 되는 이유

Ask Yourself

당신은 낯을 가리는 편입니까?

극도로 낯을 가린다 ☐

어느 정도 낯을 가린다 ☐

전혀 낯을 가리지 않는다 ☐

초면인 사람과 대화해야 할 일이 잦은 내게는 "잡담이 서툴러서 고민이에요"라고 상담을 청해오는 사람이 꽤 많다. 이들을 관찰해본 결과, 잡담이 서투르다는 사람들 중에는 '낯을 가리는 성향'이 대다수였다.

일본의 코미디언이자 여러 권의 책을 출간한 작가 와카바야시 마사야스若林正恭는 한때 각종 방송에서 '숫기가 없는 연예인'으로 꼽힐 만큼 극도로 낯을 가리는 사람으로 유명했다. 하지만 최근 들어 그는 더 이상 낯을 가리지 않게 되었다고 고백

했다. 게다가 2018년에는 한 방송 프로그램에 출연해 수줍음이 많아 고민이라는 사연자의 이야기에 같은 고민을 가졌던 사람으로서 진심 어린 조언을 해주기도 했다.

그의 비결을 들어보니, 그는 자신의 성향을 극복하기 위해 다른 사람과 접점을 나눠야만 하는 상황을 끊임없이 만들었다고 한다. 낯가림이 너무 심한 나머지 어쩌다 방송 프로그램에 출연할 기회를 얻어도 한마디도 제대로 하지 못해 단 1분도 TV에 나가지 못하는 일이 많았다고 한다. 낯가림 때문에 일할 때도 불이익을 본 것이다. 그는 심각한 위기감을 느끼고 이를 극복하기 위해 일부러 여러 사람들과 골프를 치러 다니거나 바에 가서 낯선 바텐더와 단둘이 이야기를 해보는 등 피나는 훈련을 거듭했다고 털어놓았다. "배우기보다는 익숙해져라"라는 격언이 있듯이 물불 가리지 않고 도전해 낯가림이라는 약점을 극복한 것이다.

하지만 내가 관찰하기로는 이뿐만이 아니었다. 나는 그를 지켜보면서 낯가리는 성격을 극복할 수 있었던 또 하나의 포인트를 발견했다. 바로 '지나치게 타인의 시선을 의식하는 경향'에서 벗어난 것이다. 과거에 그가 토크쇼에 출연한 모습을 보면, 다른 사람의 시선을 지나치게 의식해서 안타깝다는 생각이 들 정도였다. 그는 주로 가스가 도시아키春日俊彰라는 다른 코미디언과 콤비로 활동했는데, 워낙 존재감이 없었던 터라 '둘 중 가스가 도시아키가 아닌 사람'이라고 불리기도 했다. 그래서 스스로도 자신이 얼마나 별 볼 일 없고 재미없는 코미디언인지 이야기하며 웃음을 주는 '자학 개그'를 선보일 때가 많았다. 물론 항상 시청자의 시선을 의식해야 하는 직업의 특성상 어쩔 수 없는 일일지도 모르겠지만, 당시의 와카바야시는 '남에게 어떻게 보이는지'에 과도하게 집착하는 경향이 있었다.

아직도 기억에 남는 에피소드가 있다. 그가 낯을 심하게 가리던 무렵, 한 프로그램에 출연해 "대기실에 있을 때면 페트병이나 주스 캔에 붙은 라벨을 집중해서 읽는다"라는 이야기를 했다. 넓은 대기실에서 혼자 누구와도 말을 나누지 않고 가만히 있으면 '대화에 끼지 못하는 불쌍하고 한심한 사람'처럼 보일까 봐 어딘가에 집중하는 척을 했다는 것이다. 그는 대화에 끼지 못해 쭈뼛대는 사람으로 보이는 것이 싫어서 이미 몇 번이나 읽은 페트병과 주스 캔의 라벨을 읽고 또 읽었다고 한다.

다행히도 마흔 살을 앞둔 와카바야시에게는 이제 더 이상 그런 모습이 보이지 않는다. 그는 저서 『비스듬한 해질녘ナナメの夕暮れ』의 출간 인터뷰에서 "괜히 반항하는 건 이제 끝내자, 반항만 하다가는 인생이 금방 끝나버린다", "젊었을 때는 촌스럽게 入고 있으면 징필 촌늠 끝지민, 아지씨가 촌스터운 긴 어쩐지 푸근하게 느껴진다"라는 등 예전에 느꼈던 강박에서 한결 자유로워진 지금의 마음가짐에 대해 이야기했다. 낯선 사람과의 대화에 익숙해지기 위한 훈련과 더불어, 이런 심경의 변화가 있었기 때문에 낯가리는 성향을 극복할 수 있었던 것 아닐까?

　낯을 가리는 사람 중에는 젊은 시절의 와카바야시처럼 타인의 시선을 지나치게 의식하는 유형이 많을 것이다. 나는 그런 성향 자체를 비판하려는 건 아니다. 조금 다른 관점에서 생각해보면, '나는 이런 모습이고 싶다'라는 확고한 이상형이 있다는 뜻도 된다. 그 이상적인 모습을 스스로 실현할 수 있을지 불안해하는 섬세한 사람이다. 그렇기 때문에 자신이 어떤 모습으로 보일지 더더욱 신경을 기울이게 되고, 그 결과 남의 시선을 지나치게 의식해 낯을 가리게 되기 쉽다.

와카바야시처럼 '남에게 어떻게 보이든 아무 상관없어'라고 마음을 바꿔 먹는 경지에 이르러야 비로소 낯가림을 극복할 수 있다. 주위에 "이상적인 모습을 추구하지 않아도 괜찮아", "실패해도 넌 충분히 멋진 사람이야"라고 용기를 북돋아주는 사람이 있다면 좀 더 쉬울 것이다. 따뜻한 말을 해주는 사람에게 이 걱정거리를 솔직히 털어놔보자. 우선 잡담에 대한 부담을 없애고 편하게 임하는 자세가 필요하다.

　애초에 잡담이란 아주 능숙하지 않아도, 상대방에게 큰 재미를 주지 못해도 괜찮다. 재미가 있든 없든 어색하지 않을 만큼만 적당히 이야기를 이어나가는 것만으로도 충분히 '커뮤니케이션이 이루어졌다'라고 이야기할 수 있다. 타인의 시선에 지나치게 신경 쓰는 사람들은 자신이 생각하는 '이상적인 잡담의 방식'이 있고, 그 방식을 굳게 지키려는 경향이 있다. 그리고 이상적인 잡담을 제대로 실현하지 못한다는 스트레스가 '나는 잡담이 서투르다'는 자책으로 이어진다.

　'잡담은 어디까지나 잡담일 뿐이니 어떻게 말하든 상관없어'라고 생각하며 마음을 가볍게 먹어보자. 계획대로 되지 않았어도 일단 무언가를 이야기했다는 것만으로도 당신은 이미 잡담에 성공한 것이다. 그것만으로도 성장한 거라고 스스로를 격려하고 현재를 긍정하자. 사고방식부터 바꾸면 잡담에 대한 부담을 한결 덜어낼 수 있다.

원 포인트 레슨
잡담할 때 꼭 당신이 생각하는
'이상적인 이야기 방식'을 지키지 않아도 괜찮다.

마음의 거리를 존중하는
프로의 잡담

Ask Yourself

비즈니스로 만난 사람에게 이야기하고 싶지 않거나
알리고 싶지 않은 것이 있습니까?

있다 ☐　〔예를 들면,　　　　　　　　　　〕

없다 ☐

혹시 '퍼스널스페이스Personal Space'라는 개념을 들어보았는
가? 퍼스널스페이스란 '다른 사람이 침범했을 때 불쾌하게 느
끼는 자신의 공간'을 가리키는 말이다. 이 퍼스널스페이스는
사람마다 크기가 다르다. 예를 들어 어떤 사람은 처음 만난 사
람과 가볍게 포옹하는 것에도 별 거부감이 없는 반면, 나의 경
우는 상대가 아무리 친한 사이라고 해도 가벼운 스킨십을 해
오면 당황해서 뒤로 물러서게 된다.

아마 서비스직에 종사하는 사람이라면 퍼스널스페이스라

는 개념을 이미 들어봤을 것이다. 일류 호텔처럼 서비스를 중요하게 여기는 곳은 이 개념을 바탕으로 퍼스널스페이스가 크다고 느껴지는 고객에 대해서는 일정 거리 이상의 간격을 두고 최소한의 말만 하라고 교육하기도 한다.

이는 잡담을 할 때도 똑같이 적용할 수 있다. 퍼스널스페이스는 물리적 거리뿐 아니라 심리적 거리나 정신적 거리에도 적용되는 개념이다. 사람에게는 제각기 '여기부터는 나의 사생활'이라고 생각하는 범위가 있다. 타인이 개입하거나 침범하지 말아주었으면 하는 범위다. 이 기준 역시도 각자 달라서, 어떤 사람에게든 거리낌 없이 사생활을 이야기할 수 있는 사람이 있는가 하면 회사 사람에게는 개인적인 일을 일절 꺼내지 않는 사람도 있다.

따라서 잡담을 할 때에도 '퍼스널스페이스는 사람에 따라 다르다'는 사실을 확실히 기억해두어야 한다. '내가 이만큼 이야기했으니 당신도 이 정도는 이야기해야지', '이 정도는 당연히 물어봐도 괜찮아'라고 자신의 기준을 다른 사람에게 강요해서는 안 된다. 퍼스널스페이스의 기준이 비교적 넓은 사람은 아무 생각 없이 회사 동료나 지인에게도 사적인 질문을 쉽게 건넨다. "아이는 언제 낳을 계획이에요?" 혹은 "요즘 연인과는 자주 만나나요?" 같은 사적인 질문을 거리낌 없이 던지는 것이다. 그런데 이런 질문은 퍼스널스페이스가 좁은 사람들에게는 한없이 불쾌하고 무례한 인상을 남길 수 있다. 아주 친밀한 사이가 아니라면 가급적 너무 사적인 화제를 꺼내는 것은 자제하고, 함부로 마음의 퍼스널스페이스에 발을 들여놓지 않도록 조심하자.

이쯤에서 한 가지 의문이 떠오를 수 있다. '잘 모르는 사이라면 상대방의 퍼스널스페이스를 어떻게 알 수 있지?' 답은 아주 간단하다. 누구에게나 가볍게 할 수 있는 질문을 하면서 상대가 원하는 거리가 어느 정도인지부터 단계적으로 파악해보는 것이다. 예를 들어 "취미가 어떻게 되세요?"라는 질문에 상대가 "영화 보는 것을 좋아해요. 지난 주 토요일에도 연인과 SF영화를 봤어요"라고 대답했다면 자연스럽게 "그럼 데이트할 때는 주로 영화를 보시나요?"라는 질문으로 넘어갈 수 있다. 이 경우 상대방이 먼저 연인에 대한 이야기를 꺼냈기 때문에, 그와 관련된 추가 질문을 한다고 해도 사생활을 캐묻는 것처럼 받아들여지지 않는다.

또 한 가지 유용한 팁이 있다. 애초에 질문할 때 "말하고 싶지 않으면 안 해도 괜찮아", "말하고 싶은 만큼만 말해줘도 돼"라는 식의 한마디를 덧붙이는 것이다. 꼭 대답해야 한다는 의무감이 없어지니 훨씬 편안하게 잡담을 나눌 수 있다. 게다가 이 한마디에는 상대방에 대한 따뜻한 배려가 묻어난다. 듣는 사람을 상냥하게 배려해주는 당신에게 상대방도 분명 호감을 느낄 것이다. 보다 편안한 분위기에서 잡담을 이어갈 수 있을 뿐더러 호감도 쌓을 수 있으니, 일석이조가 아닐 수 없다.

원 포인트 레슨
상대의 퍼스널스페이스를
침범해서는 안 된다.

어떤 험담은
믿지 않다

Ask Yourself

험담을 하는 일이?

자주 있다 ☐

가끔 있다 ☐

거의 없다 ☐

전혀 없다 ☐

10세기 말부터 11세기 초에 활동했던 일본의 여성 작가 세이쇼나곤清少納言은 이런 말을 남겼다.

"다른 사람 이야기를 하는 걸 갖고 하나하나 꼬투리 잡는 사람을 도저히 이해할 수 없다. 어떻게 남 이야기를 하지 않을 수 있을까? 자신도 모르는 사이에 말하게 되지 않던가!"

재미있게도 일본에서 세이쇼나곤과 어깨를 나란히 하는 여성 문학자 무라사키 시키부紫式部 역시 자신의 에세이에 세이쇼나곤에 대해 지독한 험담을 썼다. 이런 에피소드를 보면 인간의 본성은 변하지 않는다는 생각이 든다. 우리 역시 때때로 다른 사람의 일거수일투족에 대해 뒤에서 몰래 이야기하거나 신랄하게 비판한다. 한 나라의 역사에 남을 만큼 뛰어난 작가들이라도 다른 사람을 험담하는 재미만큼은 도저히 거부할 수 없었던 모양이다.

대화 도중에 다른 사람의 험담으로 이야기가 흘러가는 건 이렇듯 무척이나 자연스러운 일이다. 다만 이럴 때는 한마디 한마디에 신중을 기해야 한다. 자칫하면 험담의 주제가 된 사람이 아니라 험담에 참여한 당신의 이미지가 나빠지거나 인간관계에 악영향을 끼칠 수 있기 때문이다. 이런 안타까운 일이 일어나지 않기 위해서는 험담을 하더라도 다음의 다섯 가지 사항을 주의해 자신의 품위를 지켜야 한다.

① 사람과 일어난 일을 연결 짓지 않는다

"죄는 미워하되 사람은 미워하지 말라"라는 말이 있다. 누군가가 범한 실수 그 자체를 비판하는 것은 그런대로 괜찮다. 그러나 그 실수를 범한 사람을 원망하는 말은 절대 해서는 안 된다.

"점장님이 발주를 잊어버린 거야. 그래서 이 더위에 다른 매장까지 가지러 가야 했지 뭐니. 평소에는 꼼꼼하신데 가끔 이렇게 중요한 순간에 실수를 하셔. 조금만 더 신경 써주시면 좋겠어." 이렇듯 사람에 대한 비난은 삼가고, '사람은 좋은데 이런 부분은 아쉬우니 고치면 더 좋을 것 같다'라는 식으로 말하면 직접적으로 누군가를 공격한다는 인상을 피할 수 있다.

② 관계없는 커뮤니티에서 말한다

가끔은 지금 당장 불만을 털어놓지 않으면 견딜 수 없을 정도로 스트레스를 받을 때가 있다. 이럴 때는 험담을 해서라도 스트레스를 해소해야 한다. 속이 답답해지는 감정을 담아두기만 하면 속병이 될 수 있으니, 나 역시 험담하는 걸 말리지는 않겠다. 다만 여기서 핵심은 그 험담이 '나에 대한 험담'으로 되돌아오지 않도록 전략적으로 해야 한다는 것이다. 특정한 인물을 비난하면 자칫 자신의 평판이 나빠질 수 있고, 만약 험담한 사실이 당사자의 귀에 들어간다면 더 골치 아픈 일이 벌어진다. 그러면 스트레스를 풀려고 시작한 험담이 더욱 큰 스트레스로 되돌아온다. 따라서 험담을 할 때는 가능한 한 누구에 대한 험담인지 알 수 없도록 하는 게 좋다.

그러나 단순히 이름을 말하지 않는 것만으로 험담의 대상을 완벽하게 감추었다고 생각하면 오산이다. 같은 커뮤니티에 있는 사람이라면 상황에 대한 설명만 듣고도 누구 이야기인지 금방 눈치챌 수 있기 때문이다. 이름만 밝히지 않을 뿐 누구에 대한 험담인지 다들 짐작할 수 있도록 말하면 오히려 더 비겁하다는 인상을 심어줄 수 있다.

이때 가장 좋은 방법은 전혀 관계없는 다른 커뮤니티에서 불만을 털어놓는 것이다. 회사에서 생긴 불만은 친구에게 말하고, 대학 동창에 대한 불만은 고등학교 동창들에게 말하는 등 인간관계가 겹치지 않는 다른 커뮤니티를 이용해보는 건 어떨까? 물론 세상은 너무 좁아서 언제 그 험담이 돌고 돌아 당사자에게 들어갈지는 아무도 모르지만, 꼭 털어놓아야 할 험담이라면 가급적 관계가 겹치지 않는 완전히 다른 커뮤니티를 선택해 신중하게 이야기하는 것이 좋다.

③ 자신의 결점이나 실수에 대해서도 이야기한다

누군가의 험담을 듣다 보면 종종 '저게 자기가 할 말인가?',

혹은 '잘난 척도 정도껏 해야지'와 같은 생각이 들 때가 있다. 사람이라면 누구나 결점이 있기 마련이다. 험담을 늘어놓는 그 사람에게도 많든 적든 결점은 있을 것이다. 그런데도 '나는 완벽한데 그 사람이 전적으로 나쁘다'와 같은 논리로 누군가를 일방적으로 탓하면 험담을 듣고 있는 상대방은 거기에 공감하는 것이 아니라 오히려 거부감을 느끼게 된다. 험담을 꺼낸 사람이 지나치게 감정적이라는 생각도 들고, '그런 말을 하는 당신은 과연 완벽한 사람인가?' 하는 반발심이 들어 험담하는 사람에 대한 호감이 급격히 떨어지기도 한다.

이런 일을 방지하기 위해서는 자신도 비슷한 실수를 할 때가 있다고 인정하거나, 자신의 잘못부터 먼저 반성하는 자세를 취하는 전략이 필요하다. 예를 들어 회의에 들어가기 직전인 상사에게 질문을 했다가 "바쁜 내가 네 일까지 봐줘야겠어?"라는 핀잔을 들었다고 해보자. 속상하고 야속한 마음에 누군가에게 험담을 하고 싶어질 것이다. 이때 "나도 바쁠 때 말을 걸면 종종 짜증을 낼 때가 있지만", "분명 회의 직전에 말을 건 것은 내 잘못이지만"이라는 말을 덧붙이면 같은 험담이라도 공정하다는 인상을 줄 수 있다. 전적으로 다른 사람의 잘못이라고 맹비난하면 '남 탓만 하는 사람'으로 보인다. 자신의 결점과 실수를 어느 정도 인정하는 전략으로 상대방의 공감을 유도해보자.

④ 건설적인 대화로 만든다

"부장님은 말투가 너무 험악하지 않아?" 대화를 이런 말로 끝내면 단순한 험담에 지나지 않는다. 하지만 이어서 "후배들에게는 나도 험악하게 말할 때가 있겠지? 잘못하면 상사의 갑질처럼 보일 수도 있을 텐데, 어떻게 하면 말투를 바꿀 수 있을까?" 혹은 "부장님이 어떨 때 말을 걸어야 화를 안 내시는지 알아?" 같은 식으로 해결책을 의논하는 말을 덧붙여보면 험담을 건설적이고 유의미한 대화로 바꿀 수 있다.

또한 이 방법에는 상대를 보다 적극적으로 대화에 참여시킬 수 있다는 장점도 있다. 보통 험담만 들을 때는 맞장구를 치거나 가만히 듣는 등 수동적인 자세를 취하지만, 해결책을 의논하거나 상담하는 식으로 이야기를 하면 조언을 해주거나 함께 고민을 털어놓으며 보다 적극적인 대화가 이뤄진다.

⑤ 공동의 적을 만든다

상사가 지시를 계속 바꾸는 바람에 일을 몇 번이고 다시 하게 돼 분노를 느끼고 있다고 해보자. 보통은 험담을 할 때 그런 감정을 있는 그대로 동료에게 털어놓겠지만, 좀 더 품위 있게 험담을 하고 싶다면 '상사'라는 적을 특정하지 않고 험담하는 대상의 범위를 조금 넓혀서 말하는 것이 좋다.

예를 들어 내 상사에 대해 화가 났더라도 "대체 왜 윗사람들은 이미 내린 결정을 쉽게 번복하는 걸까?"라고 말하면 동료 역시 윗사람에게 휘둘린 경험이 있을 테니 "정말 그렇다니까. 실무자들이 얼마나 곤란할지 짐작도 못하겠지"라는 말로 맞장구를 치며 공감대를 형성할 수 있다.

이와 비슷하게 자신의 연인에 대해 험담한다면 '남자(여자)들'이라는 공동의 적을, 후배 A에 대한 험담이라면 '최근 들어온 지 얼마 안 된 신입들'이라는 공동의 적을 만들어 험담하는 편이 더 효과적이다. 요컨대 불만을 일방적으로 전달하는 게 아니라, 같은 구도에서 상대방도 불만을 꺼내놓을 수 있도록 유도하라는 것이다. 이 방법으로 험담을 하면 상대방도 자신이 남의 불만을 들어주고 있다는 걸 눈치채지 못한다.

자신도 모르게 험담이 입 밖으로 나올 것 같다면 혹은 누구에게라도 답답한 심정을 털어놓아야 할 것 같다면 속 시원하게 이야기하는 편이 정신 건강에 좋다. 다만 위에서 설명한 다섯 가지 사항만큼은 반드시 명심하길 바란다. 인간관계를 안전히 시키는 동시에 당신의 품격까지노 높일 수 있을 것이다.

원 포인트 레슨
개인에 대한 공격은 삼가야 하지만, 말하는 방식에 따라
험담은 대화를 풍성하게 하는 조미료가 된다.

비호감을 만드는
최악의 잡담 소재

Ask Yourself

'아, 그 이야기는 하지 말 걸!' 하고 후회한 적이?

있다 ☐

없다 ☐

잡담을 하다 보면 어느 순간 분위기가 확 가라앉아 어색한 침묵이 흐를 때가 있다. 내가 짐작하건대 대화 도중 '잡담을 할 때 반드시 피해야 할 네 가지 화제' 중 하나가 불쑥 등장했기 때문이리라. 바로 '정치', '종교', '야구', '수입'이다. 단 여기에 '야구'라는 항목이 들어간 건 시대적인 영향 때문이다. 예전에는 팀마다 특히 앙숙 관계인 '라이벌 팀'이 있어서, 야구 이야기가 나오면 라이벌 팀의 팬끼리 크게 싸우는 일도 잦았다. 다행히 최근에는 그런 분위기가 옅어져서 '라이벌 팀'이라는 개념도 거의 사라졌고, 설령 아직까지 라이벌로 인식되는 팀이 있다 해도 이전처럼 팬끼리 큰 다툼이 벌어질 만큼 분위기가 험악해지지 않는다. 하지만 그 외에 다른 세 가지는 지금도 여전히 민감한 대화 주제로 여겨진다.

첫 번째 와세인 '성치'에 관안 이야기는 가벼운 삽남 사리에서는 굳이 꺼내지 않는 편이 안전하다. 물론 안정된 인간관계를 맺고 있는 사람과 건설적으로 논의할 수 있다면 상관없겠지만, 아주 가까운 사이가 아닌 이상 잡담 도중에 정치 이야기를 하는 건 웬만해서는 추천하지 않는다.

우리는 의견 그 자체와 그 의견을 내는 사람을 분리해서 보는 것에 무척 서투르다. 설사 정치에 대한 입장이 다르다고 해도 상대의 의견을 존중하고 호의적인 태도로 비즈니스를 할 수 있다면 전혀 문제가 되지 않을 것이다. 그러나 실제로는 관계가 껄끄러워져 일이 결렬되는 경우가 많다. 심지어 사소한 뉴스라도 정치적인 입장이 다르면 완전히 다른 관점으로 바라보기 때문에 논쟁이 일어날 수도 있다. 시사 문제를 꺼내더라도 우리가 '잡담'을 나누고 있다는 사실을 염두에 두고 대화가 시사 토론이 되지 않도록 주의하자. 잡담의 화제는 대화를 잘

풀어나가기 위한 일종의 양념으로 생각해야지, 그 화제에 대한 토론이 목적이 되어서는 안 된다.

이런 문제점은 두 번째, '종교'와 관련된 화제에서도 똑같이 발생한다. 무교인 사람 중 몇몇은 '종교'라는 말을 들으면 무조건 거부반응을 보이기도 한다. 독실한 신자들은 상대방이 그런 태도를 보이면 상처받기도 하고, 심지어 모욕적으로 느끼기도 한다. 결국 대화를 나누던 사람들 사이에는 넘을 수 없는 마음의 벽이 생기고 만다. 하지 않느니만 못한 잡담이다.

마지막으로는 '수입'이다. 사실 돈에 대한 이야기는 '어떤 모임에서 하느냐'에 따라 크게 달라진다. 아무리 가깝다고 해도 사회인이 되고 나서 만난 사람들이라면 돈에 대해 허물없이 이야기하기가 쉽지는 않다. 반면 어렸을 때부터 가깝게 지낸 사이라면 상대적으로 거리낌 없이 돈 이야기를 꺼낼 수 있다. 다만 이때도 솔직히 얼마나 벌고 있는지를 밝힐 것인지, "그럭저럭 먹고살 만한 정도야" 같은 말로 얼버무릴지는 고도의 분위기 파악이 필요하다. 이렇게 애를 먹을 바에는 처음부터 돈에 대한 이야기를 꺼내지 않는 것이 상책이다.

그리고 여기에 더해, 잡담을 나눌 때 주의해야 할 네 가지 사항을 더 이야기해보려 한다.

첫째, 성희롱과 갑질 발언은 삼가야 한다. 성희롱에 해당하는 발언을 하지 않도록 특히 주의하자. 과도하게 야한 농담이나 성적인 관계를 강요하는 말은 물론이고, 결혼이나 출산 계획, 언제 시집 등을 거리낌 없이 물어보거나 체형, 몸보를 화제에 올리는 것도 모두 성희롱이다. 이를 모르는 사람이 의외로 많다. 상대의 성별이 당신과 같다고 해도 성희롱이 성립될 수 있으니, 그 점을 항상 염두에 두자.

지위가 높은 사람이 지위를 이용해 상대를 괴롭히거나 폭언을 하는 이른바 '갑질'도 반드시 지양해야 한다. 과거에는 무례한 농담이나 지나치게 사적인 질문도 단순한 농담으로 치부되곤 했으나, 이제는 사회 분위기가 바뀌었음을 기억하자. 당신에게는 아무렇지 않게 느껴지는 잡담도 누군가에게는 모욕적인 갑질이 될 수 있다.

둘째, 차별적 발언을 주의해야 한다. 2017년 일본의 코미디언 콤비 돈네루즈とんねるず가 30년 전에 인기몰이를 했던 '호모오다 호모오' 콩트를 부활시키는 바람에 여론이 들끓은 적이 있다. 호모오다 호모오는 동성애자를 이르는 '호모'라는 단어

를 언어유희의 대상으로 삼은 캐릭터다. 돈네루즈가 이 캐릭터로 분해 '동성애자' 하면 흔히 떠오르는 고정관념을 콩트로 선보인 것이다. 그런데 동성애자를 조롱하며 웃음거리로 삼는 것에 대중이 일제히 방송국에 항의 전화를 하는 등 논란이 일었다.

'차별'이라고 하면 거창하게 들릴지도 모르겠지만, 의외로 곳곳에 도사리고 있다. 자기도 모르는 사이에 약자의 위치에 있는 사람에 대해 편견이나 모욕, 비웃음, 조롱 같은 차별적 발언을 하고 있을지도 모른다. 그런 차별에 가담하지 않도록 조심하고, 언제나 자신의 언행을 돌아보는 태도를 가져야 한다.

셋째, 자꾸 뒷이야기를 꺼내는 사람도 호감을 얻지 못한다. 거래처에서 자기 회사의 내부 사정을 폭로하거나 아는 사람에게 들은 동료의 사생활을 다른 사람에게 마음대로 이야기하는 등 사람과 회사의 뒷이야기를 쉽게 꺼내는 사람이 있다.

"사실은 말이야……"라는 말로 다들 몰랐던 일을 폭로하면 그 자리에서는 "뭐야, 그런 일이 있었어?" 하고 왁자지껄하며 관심을 보일지도 모르지만, 동시에 그 이야기를 꺼낸 사람에 대한 신뢰는 바닥으로 떨어진다. 게다가 비밀 준수 의무 위반이나 명예 훼손에 해당하므로 소송으로 이어질 수도 있다(물론 법적, 도덕적 문제가 있는 경우의 내부 고발 등은 다른 이야기다). 장기적인 관점으로 봤을 때는 평판에 악영향을 미친다.

마지막으로 거짓 정보를 퍼다 나르는 사람이 되지 않도록 주의하자. 주변 사람이나 연예인 등에 대한 근거 없는 소문을 즐기듯 이야기하는 사람이 있다. 아주 가까운 친구라면 모를까, 비즈니스로 만난 사람 앞에서는 가급적 이런 화제를 꺼내지 않는 편이 좋다.

'예전에는 이 정도 이야기는 다들 아무렇지 않아 했는데'라고 느낄 수도 있다. 그렇지만 그때도 누군가는 불쾌하다고 느꼈을 것이다. 단지 그 불쾌함을 꾹 참았을 뿐이고, 최근 들어 그 불만의 목소리가 바깥으로 나온 것이다. 걸핏하면 근거 없는 소문을 입에 올리는 사람은 신뢰성이 떨어지며, 가볍게 남의 이야기를 한다는 점에서 호감도 뚝 떨어진다. 조직에서는 신뢰할 수 없고 입이 가벼운 '요주의 인물'로 분류할 수도 있다. 근거 없는 소문을 퍼뜨리는 일은 삼가자.

이번 장에서 언급한 '정치', '종교', '야구', '수입'이라는 네

가지 화제는 비즈니스 관계에서는 웬만해선 잡담 도중 꺼내지 않도록 주의하자. 혹시 불편한 이야기가 계속 진행된다면 슬쩍 자리를 피해보는 것도 방법이다. 또한 성희롱과 갑질, 차별적 발언, 뒷이야기, 거짓 정보 퍼나르기는 더더욱 이미지 손실에 치명적이므로 의식적 노력을 통해 개선해야 한다. 자신도 모르는 사이에 지뢰를 밟아 남에게 상처를 주는 일을 미연에 방지해야 한다.

원 포인트 레슨
잡담 중 분위기를 가라앉게 만들지 않으려면
피해야 할 화제를 기억해두자.

센스 있는 잡담의 기술 ①

....

"얼마 전에
○○하셨다고 들었어요."

잡담 자리는 자신의 뛰어난 화술을 자랑하는 자리가 아니라, 상대방이 '기분 좋게 이야기할 기회'를 만들어주는 자리다. 그리고 자연스럽게 상대방에게 이야기할 기회를 주기 위해서는 무엇보다도 그 사람에 대한 사전 조사가 필요하다.

개인적으로는 어떤 관심사를 갖고 있는지, 그 사람이 다니는 기업에서는 최근에 어떤 프로젝트를 진행했는지 등 가볍게 이야기를 나눌 만한 화제가 무엇이 있을지 사전에 찾아봐두면 좋다. 상대의 SNS 계정을 훑어보는 것도 좋고, 주변에 그 사람의 지인이 있다면 슬쩍 정보를 묻는 것도 좋다. 그 정보를 토대로 "최근에 A 프로젝트를 담당하셨다고 들었는데요", "요전부터 골프를 배우기 시작했다면서요?"와 같은 식으로 먼저 상대방의 근황을 언급하면 그도 기뻐하며 자세한 내용이나 뒷이야기를 들려줄 것이다.

나는 출판사 관계자나 기자 등 누군가와 처음 만날 기회가 많은데, 이때 상대방이 내 저서를 읽고 왔을 때와 그렇지 않을 때 대화의 분위기가 확연히 달라진다. 상대방이 내 저서를 읽었을 경우 그의 열의가 느껴져서 우선 호감을 갖고 대화를 시작할 수 있고, 둘이 공통으로 흥미를 갖고 있는 관심사나 문제의식을 공유할 수 있기 때문에 대화도 빠르게 진행된다. 반대로 내 저서를 읽지 않은 사람은 완전히 동떨어진 엉뚱한 질문을 해올 때가 꽤 많다. 당연히 말을 이어갈 의욕도 사라진다. 기업이든 사람이든 자세히 조사해야 비로소 알 수 있는 매력이 있다. 상대의 매력을 알아두면 실제로 대면했을 때 그저 입에 발린 말이 아닌, 마음속에서 우러나는 말을 나눌 수 있다.

단, 이때도 주의해야 할 것이 있다. "○○씨가 △△했을 때 □□라는 활약을 하셨다고 들었어요"라는 식으로 혼자 전부 말해버리지 않도록 주의하자. 애써 조사한 것을 다 이야기하고 싶은 마음은 이해하지만, 그렇게 다 말해버리고 나면 정작 상대방이 직접 이야기할 거리가 없어지지 않겠는가? 상대방에게도 신나게 설명할 기회를 주자.

토크쇼를 보면 MC와 출연자가 근황에 대한 이야기를 나누는 코너가 있다. 가끔 MC가 출연자에 대해 너무 면밀히 조사한 나머지 근황을 전부 다 말해버려서 출연자는 "네, 맞아요", "그랬었죠"와 같이 맞장구만 치는 일이 생기곤 한다. 그렇게 근황 코너가 시시하게 끝나버릴 때면 출연자가 직접 이야기하는 걸 듣지 못해 아쉬워지기도 한다.

사전 조사로 입수한 정보는 어디까지나 대화의 포문을 여는 수단으로만 사용해야 한다. 결론까지 말하는 게 아니라 화제만 던져주는 것이다. 사전 조사는 상대에게 '직접 이야기할 기회'를 마련해주기 위해 하는 일이니 말이다.

또 하나 주의해야 할 것은 사전 조사의 '깊이'다. 상대방이 아주 유명한 사람이 아니라면 지나치게 사적인 내용을 말하지 않도록 조심하자. 초면인 사람이 나에 대해 아주 자세한 사항까지 다 알고 있으면 오히려 꺼림칙하지 않겠는가? 많은 것을 조사해두었더라도 적당히만 표현하자.

센스 있는 잡담의 기술 ②

....

"그 일 하시느라
정말 수고가 많았겠어요."

잡담을 할 때는 상대방의 이야기를 유도하는 것, 그리고 하나 더하자면 상대방이 '기분 좋게' 이야기하도록 유도하는 것이 중요하다. 점점 더 이야기하고 싶어지는 화제가 무엇일까? 대체로 불평불만, 자랑거리, 좋아하는 것에 대한 이야기일 것이다. 이 세 가지의 이야기를 전부 이끌어낼 수 있는 마법의 문구가 있다.

"그 일 하시느라 수고가 많았겠어요."

"어떡해요, 정말 힘들었겠어요. 고생 많으셨지요?"

넌지시 이런 말을 건네면 상대방은 "진짜 힘들었어요"라며 고생했던 이야기를 털어놓는다. 힘든 일을 해냈을 때 사람은 어떻게든 그 경험을 말하고 싶어 한다. 누군가가 그 경험을 듣고 놀라워하거나 웃는 모습을 볼 때, 공감해줄 때 비로소 자신의 고생이 보람으로 승화되었다고 생각하기 때문이다.

재미있는 건, 불평불만과 자기 자랑이 종이 한 장 차이라는 점이다. 그러므로 상대방이 "처음에는 일이 잘 안 풀렸지만 몇 번이고 계속하다 보니 익숙해졌어요"와 같이 고생한 이야기를 꺼내면 "그렇게 힘든데도 포기하지 않고 끈질기게 몰두하셨다니 대단하세요"라고 그를 추켜세워주자. 자연스럽게 자기 자랑을 펼칠 수 있도록 유도하는 것이다.

상대방의 고생이 느껴진다면 "그렇게까지 열심히 할 수 있었던 비결이 무엇일까요?"라고 물어보는 것도 좋다. 그렇게까지 노력할 수 있었던 배경에는 일과 고객, 동료에 대한 사랑이 있었음이 분명하다. 그런 대화를 나누며 일에 대한 열정을 공유한다면 단순한 잡담을 뛰어넘어 두 사람 간에 깊은 유대를 만들 수 있을 것이다.

2장

잡담을 풍성하게 만드는
플러스알파

단 한마디로
호감을 얻는 인사법

Ask Yourself

별로 친하지 않은 사람과 엘리베이터에서 만났다면?

잡담을 나눈다 ☐

인사한다 ☐

묵례만 한다 ☐

못 본 척한다 ☐

잡담 실력을 키워야겠다고 마음먹었다면 '능수능란하게 잡담을 이끌 수 있는 화술을 익혀야지' 혹은 '무슨 말을 하든 재미있게 하는 사람이 되어야지'라는 결심은 내려놓자. 이런 성급한 결심은 오히려 말주변이 없는 사람에게는 부담으로 작용할 수 있기 때문이다.

누구나 실천할 수 있으면서도 쉽고 빠르게 인상을 바꿀 수 있는 최고의 방법은 '인사에 한마디를 덧붙이는 습관'이다. 사회생활을 하는 사람이라면 가벼운 인사 정도는 거뜬히 할 수 있을 것이다. 하지만 여기에 살갑게 한마디를 덧붙이는 것은 생각보다 꽤 난도가 높다.

안녕하세요. + 오늘은 날씨가 좋아서 다행이에요.
어서 오세요. + 필요한 것이 있으면 언제든 불러주세요.
수고하셨습니다. + 내일도 잘 부탁드립니다.

처음에는 이런 상투적인 문구라도 상관없다. 인사만으로 대화를 끝내지 않고 한마디를 덧붙인다는 것 자체가 중요하다. 신기하게도 미소를 지으며 딱 한마디만 더했을 뿐인데도 '이 사람은 꽤 괜찮은 사람이구나'라는 인상을 심어줄 수 있다.

여기서 중요한 포인트는 '단숨에' 말하지 않는 것이다. "안녕하세요, 오늘은 날씨가 좋아서 다행이에요"라고 쭉 이어서 말하는 게 아니라 "안녕하세요. (상대방이 인사를 한 후에) 오늘은 날씨가 좋아서 다행이에요"와 같이 두 번의 호흡에 나누어 말하는 것이 중요하다. 상대방이 대답할 시간을 만들어주는 것이다. 설령 대답을 하지 않더라도 상대방이 자신의 인사를 받을 시간을 만들어줌으로써 상호작용을 한다는 인상을 남길 수 있다. 이처럼 두 번의 호흡으로 나누어 한마디를 덧붙이면 내 말에 진심이 담겨 있다는 느낌을 줄 수 있을 것이다.

만약 서비스직에 종사하는 사람이라면 일할 때 이 방법을 적극적으로 활용해보길 추천한다. 보통 서비스직이라면 고객을 처음 대면할 때 "어서 오세요. 필요한 것이 있으면 언제든 불러주세요"라고 단숨에 인사를 건네는 경우가 대다수다. 그러나 이처럼 이어서 말해버리면 설사 자신은 진심을 담아 한 말이라도 고객은 형식적인 인사로 받아들일 가능성이 높다. 그러니 이 말도 "어서 오세요. (고객이 대답한 후에) 필요한 것이 있으면 언제든 불러주세요"와 같이 호흡을 두 번으로 나누어 인사를 건네자. 형식적인 인사를 한 후 고객에게 직접 말을 건넨다는 느낌으로 확실하게 눈을 마주치며 두 번째 말을 덧붙여야 한다. 이것만으로도 친절하고 싹싹한 직원이라는 인상을 남길 수 있다. 정말 쉬운 방법이지 않은가!

이 방법에 익숙해졌다면 그다음으로 자신만의 색깔을 더한 한마디를 덧붙여보자. 만약 몇 년 전에 같은 부서에서 일했던 사람과 오랜만에 엘리베이터에서 단둘이 만났다고 가정해보자. "오랜만이에요"라는 말 뒤에 어떤 말을 더하면 좋을까? 당신이 말을 건네지 않는다면 10층부터 1층에 도착할 때까지 정적에 휩싸인 채 어색한 시간을 보내야 할 것이다. 이 책을 잠시 내려놓고 각자 어떤 말을 하면 좋을지 생각해보자.

"우아, 이런 곳에서 만날 줄 몰랐어요."
"어? 인상이 좀 바뀐 것 같아요."
"지금은 어떤 일을 맡고 계세요?"

이렇게 재회의 기쁨이나 인상의 변화에 대해 언급하거나 근황을 물어보는 플러스알파면 무난하다. 물론 수학 공식처럼 어떤 상황에서는 무슨 말을 하면 된다는 정답은 없다. 긍정적인 표현으로 자신의 진심을 담은 한마디를 전할 수 있다면 그것만으로도 더할 나위 없이 좋다.

이 방법은 처음 만나는 사람에게 자기소개를 할 때도 유용하다. 일반적으로는 "저는 ○○이라고 합니다. 잘 부탁합니다"라고 형식적인 인사만 건넨다. 이때 "저는 ○○이라고 합니다"와 "잘 부탁합니다" 사이에 잠깐의 틈을 두는 것만으로도 인상이 확 달라진다. 여기에 "저는 ○○이라고 합니다. 이번 기획은 저도 회사의 서비스를 사용하는 사람으로서 기대하고 있기 때문에 꼭 성공시키고 싶습니다. 잘 부탁합니다"라고 자신의 진심을 담은 플러스알파를 붙인다면 더욱더 좋은 인상을 심어줄 수 있다.

만약 사람 수가 많은 회의나 회식 자리에서 진행자 역할을 맡았다면 "우선은 자기소개를 할 건데요, 평범하게 이름을 말하는 건 재미없으니까 '저는 ○○입니다, 사실은~'이라고 의외의 성격이나 취미를 덧붙여 소개를 부탁드릴게요. 그럼 저부터 해볼까요?"와 같은 식으로 다 함께 플러스알파를 말하도록 유도하는 것도 좋다. 그 자리에 있는 모두가 당신을 '다시 만나고 싶은 유쾌한 사람'으로 기억할 것이다.

원 포인트 레슨
인사를 한 후 잠시 시간을 두고
플러스알파 한마디를 더하면 호감을 심어줄 수 있다.

어색함을 푸는 순간
상대의 말문이 열린다

아이스브레이그를?

해본 적이 있다

들어본 적이 있다

무엇인지 모른다

소개팅 상대와 처음 만날 때, 고등학교 동창과 오랜만에 재회했을 때, 수백 명을 앞에 두고 프레젠테이션을 시작할 때……. 상상만 해도 절로 몸이 굳을 정도로 분위기가 딱딱해지는 순간들이다. 어색하고 거북할 뿐더러 당장이라도 그 자리를 떠나고 싶을 만큼 마음이 불편해질 때도 있다. 그럴 때를 위해 이번 장에서는 효과적인 아이스브레이크 방법을 소개하고자 한다.

'아이스브레이크'란 이름 그대로 '얼어붙은 자리의 분위기를 풀고 사람들 간의 교류를 촉진시키는 일'을 가리킨다. 아마 이미 경험해본 사람도 있을 것이다. 기업에서 연수를 할 때 자신만의 개성을 더한 자기소개를 시키거나 몇 명씩 그룹을 나눠 간단한 게임을 하는 식으로 가볍게 아이스브레이크를 한 후 본론에 들어가곤 한다. 나의 경우, 이전에 어떤 기업 연수에서 아이스브레이크 차원으로 옆자리에 앉은 사람과 짝을 지어 끝말잇기를 시킨 적이 있다. 참가자들이 '이 나이에 끝말잇기라니'라고 생각할까 봐 걱정이 되었지만, '30초 동안 몇 개의 단어를 말할 수 있는가'라는 미션이 걸려 있었기 때문에 의외로 다들 열심히 참여했고 그만큼 분위기도 좋아졌다.

계기가 무엇이든 간에 그 자리의 분위기가 부드럽게 풀리고 나면 그 후 진행도 한결 수월해지고 사람들의 참여도도 높아진다. 참여도가 높으면 행사를 진행하는 사람도 힘이 나서 더 자신감 있게 말할 수 있다. 자연히 회의와 연수의 퀄리티도 높아지고 나누는 대화의 내용도 풍성해질 수밖에 없다.

잡담에도 아이스브레이크를 적용할 수 있다. 잡담을 시작할 때 서로 간의 긴장을 푸는 시간을 갖는 것이다. 그렇다고 해서 상대방에게 느닷없이 게임을 하자고 할 순 없으니, 이번 장에서는 잡담을 시작할 때 자연스럽게 분위기를 풀 수 있는 실용적인 방법을 소개하고자 한다. 나도 수업을 할 때나 학부모와 면담할 때 자주 이용하는 방식이다.

'능숙하게 잡담을 시작하는 방법'이라고 하면 대부분이 본론을 꺼내기 전에 그와 관련된 시사 뉴스거리를 슬쩍 올리거나, 자기 주변에서 일어난 일 등을 이야기하며 듣는 사람을 주목시키는 법을 떠올린다. 우선 이목을 집중시킨 후 딱 적절한 타이밍에 본격적인 화제를 꺼내는 방식이다. 물론 이런 방법을 쓸 수 있다면야 더할 나위 없이 좋다. 하지만 아마추어가 시도하기에는 꽤 어렵다. 혼자서 능수능란하게 완급을 조절하며 이야기를 하고 분위기까지 끌어올리는 것은 대화의 프로들이나 가능한 일이다.

누구나 쉽게 쓸 수 있는 아이스브레이크 방법이 있다. '사전 진행' 시간처럼 사람들의 몸과 마음을 움직이게 하는 것이다. 사전 진행이란 예능 프로그램을 촬영할 때 본격적인 녹화에 앞서 방청객들이 알아야 하는 각종 주의사항을 알려주는 시간이다. 방청객들을 모아놓고 "게스트가 들어오면 큰 박수 부탁드립니다! 그러면 함께 해볼까요? 자, 게스트 들어왔습니다!

(관객의 박수) 완벽해요! 하지만 녹화가 시작되면 지금보다 다섯 배 더 큰 소리로 부탁드립니다!"라고 말하는 식이다. 이처럼 박수를 언제 쳐야 할지, 호응은 어떻게 하는지, 그리고 어느 정도의 크기여야 하는지 설명해준 후 여기에 그치지 않고 방청객들이 실제로 박수를 치거나 목소리를 내보게 만든다.

이렇게 보면 별것 아닌 것처럼 느껴지지만, 의외로 이 시간이 있을 때와 없을 때의 녹화 분위기는 180도 다르다. 방청객들은 이 시간을 통해 긴장을 풀고, 스위치를 켜듯 분위기를 띄워야겠다는 의욕도 얻는다. 호응이 좋아지므로 프로그램의 출연자들도 힘을 얻는다. 이 발상을 잡담에도 적용해보자. 대답, 공감, 놀람 등 어떤 형태든 좋으니 가능한 한 상대의 몸과 마음을 반응하게 만드는 것이다. 예를 들어 나는 새 학기가 시작되어 첫 수업을 할 때면 우선 학생들이 손을 한 번씩 들어보게 유도한다.

"고전문학을 잘 아는 사람?"(드문드문 손을 든다)
"그럼 어렵다고 생각하는 사람?"(그 외에 대다수가 손을 든다)
"고전문학 시험을 잘 보고 싶은 사람?"(거의 모두가 손을 든다)

이렇게 하면 그 자리에 있는 모든 사람의 신체가 자연스럽게 반응한다. 그런 뒤 "그야 당연하겠죠. 그래서 수업을 들으러 왔을 테니까요"라고 응수하면 학생들 사이에 웃음이 터져나온다. 이렇게 작은 동작을 시켜보는 것만으로도 분위기를 부드럽게 전환시킬 수 있다.

강의나 연설이라면 손을 들어보게 하고, 둘러앉아 대화하는 자리라면 고개를 끄덕이게 함으로써 반응을 유도해보자. 특별히 의미 있는 이야기가 아니라도 상관없으며, '상대가 확실히 반응할 것 같은 화제'를 꺼내면 된다. "오늘은 생각보다 춥네요", "분기 말에는 역시 정신이 없어요", "○○사가 파산했다니 놀랐어요"처럼 "정말 춥네요", "그러게요" 등 상대의 반응을 이끌어낼 수 있다면 어떤 화제든 괜찮다.

상대가 반응을 보이면 이야기하는 입장에서도 용기가 난다. 사실 이야기하는 입장에서는 듣는 사람이 아무런 반응을 보이지 않을 때가 가장 괴롭다. 나 역시 아무리 말을 해도 표정 하나 바뀌지 않는 청중이 제일 어렵고 힘들다. 그런 사람이 모인 강연장에 가면 힘이 쭉 빠진다. 반면 간단한 반응이라도 일단 이끌어내고 나면 자신감이 생기고, 긴장했던 마음도 조금 편안해진다. 부담이 어느 정도 사라지는 것이다.

반응을 이끌어내는 또 다른 방법은 상대가 '이 사람을 도와주고 싶어'라고 생각하게 만드는 것이다. 만약 프레젠테이션을 시작하기 전에 긴장이 된다면 그 긴장된 감정을 먼저 있는 그대로 전하는 것도 일종의 전략이다. 나도 종종 수업을 시작하기 전에 이런 말로 학생들에게 도움을 요청하곤 한다.

"베테랑처럼 보여도 저는 잘 긴장하는 성격이에요. 새 학기가 시작될 무렵이면 너무 긴장되어서 일주일 내내 배가 아플 정도랍니다. 사실 지금도 엄청 긴장하고 있어요. 여러분께 한 가지 부탁할 것이 있는데요. 제 강의가 잘 이해된다면 적극적으로 고개를 끄덕여주세요. 그러면 제가 수업을 좀 더 잘 진행할 수 있을 것 같습니다."

이렇게 편안하게 말하기 어려운 상대라면 좀 더 정중하게 부탁하는 방법도 있다.

"처음인지라 아무래도 긴장이 되네요. 이야기가 조금 서투를지도 모르겠습니다. 혹시 이해하기 힘든 부분이 있다면 고개를 갸웃해주세요. 다시 한번 설명하겠습니다."

일단 프레젠테이션을 하기 전에 이런 부탁을 하고 시작하면 상대는 고개를 갸웃거리기보다는 끄덕여주며 기꺼이 당신에게 도움의 손길을 보낼 것이다. 우선 상대의 반응을 이끌어내는 것을 목표로 삼고 이야기의 물꼬를 터보자. 아이스브레이크만으로도 분위기는 한결 부드러워질 것이다.

원 포인트 레슨
리액션을 유도하며 긴장한 분위기를 풀면
대화를 수월하게 이끌 수 있다.

자꾸 말하고 싶게 만드는
그 사람의 비밀

　가볍게 잡담을 나눌 때 분위기를 부드럽게 만드는 가장 손쉬운 비법은 '좋은 청자'의 자세를 보여주는 것이다. 여기서 말하는 '좋은 청자'란 '말하는 사람의 입장에서 편안한 청자'를 뜻한다. 구체적으로 말하자면 '더 말하고 싶게 만드는 사람, 계속 이야기를 나누고 싶은 사람'을 가리킨다.

　"네가 무슨 말을 하고 싶은지 잘 알겠어", "당신의 마음이 충분히 전해지네요"와 같이 마음을 담은 말을 건네며 열심히 고개를 끄덕여주자. 이해와 감탄을 나타내는 맞장구, 이야기에 관심을 갖고 있다는 것이 느껴지는 질문처럼 진심을 담은 리액션을 보이면 상대방은 더욱 기분 좋게 말을 이어갈 수 있다.

나는 강사로 일하면서 초등학생부터 90대 노년층에 이르기까지 다양한 세대와 이야기를 나눌 기회가 많았는데, 젊은 사람들일수록 고개를 끄덕이거나 맞장구치는 리액션에 인색하다는 인상을 자주 받았다.

일례로 나에게 학원 수업을 받던 학생 중에는 두 시간에 달하는 수업 시간 내내 무표정으로 일관하는 학생이 있었다. 어떤 농담을 해도 그 학생만큼은 아무런 반응을 보이지 않았다. '내 수업이 그렇게 재미가 없는 걸까?'라는 걱정이 들었고, 그 학생이 들어오는 수업 시간만 되면 더더욱 긴장이 되었다.

그런데 그 학생이 수험을 끝내고 쓴 수강 후기를 읽어보고는 깜짝 놀라지 않을 수 없었다. "요시다 선생님의 수업은 무척 재미있어서 항상 웃으며 수업을 들었습니다!"라는 말이 쓰여 있는 게 아니던가! 아마 그 학생은 마음속으로는 재미있다고 생각하면서도 그 감정을 겉으로 전혀 드러내지 않았을 것이다. 그 학생만의 특징이라고 생각하면 흥미롭게 느껴지나, 대화법 전문가의 입장에서 봤을 때는 '단점'에 가까운 특징이라 안타깝게 느껴졌다. 아마 그 학생은 리액션이 없는 특유의 성격으로 인해 여러모로 손해를 보고 살았을 것이다. 실제로 나는 1년 동안 그 학생을 대할 때마다 어색함을 느꼈고, 그 학생이 내 수업을 지루해한다고 생각해 수업 시간 내내 긴장하기 일쑤였다. 너무 긴장한 나머지 내가 할 수 있는 최고의 수업을 하지 못했을 수도 있다. 나는 물론이고 그 학생의 입장에서도 안타까운 일이 아닌가.

이는 비단 그 학생만의 문제가 아니다. 요즘에는 마음속에 느껴지는 즐거움이나 희열을 겉으로 표현하지 않는 사람들이 많다. 특히 젊은 사람일수록 더더욱 그렇다. 대부분은 스스로가 생각하는 것보다 리액션이 작다. 그런 사람이 모임에 있으면 분위기가 절로 딱딱해진다. 단둘이 대화할 때도 마찬가지다. 리액션이 작은 사람과 이야기를 하면 아무리 말을 잘하는 사람이라도 위축되기 쉽고, 빨리 말을 끝내고 싶어진다.

특히 요즘에는 '인터넷에서는 스스럼없이 리액션하거나 대화할 수 있는데 실제로 직접 사람을 만날 때는 반응하기가 힘들다'라고 고민을 호소하는 사람들이 있다. SNS나 온라인 게임, 메신저에서 채팅을 할 때는 'ㅋㅋㅋㅋㅋㅋㅋㅋ'을 몇 번이고 연발하거나 폭소하는 캐릭터 이모티콘을 전송하면서 오프라인에서는 무표정과 무반응으로 일관하진 않았는지 한번 생각해보자. 온라인과 오프라인에서 자신의 모습이 얼마나 다른지 스스로 비교해보는 것이다.

물론 오프라인에서도 인터넷에서 사용하는 표현을 똑같이 써야 한다는 말은 아니다. 단지 'ㅋㅋㅋㅋㅋㅋㅋㅋㅋ'의 10분의 1만이라도 좋으니 표정이나 동작으로 상대방의 말에 리액션을 보내보자. 상대방의 말에 부드러운 미소를 보내는 것은 오프라인 버전의 '좋아요'다.

'반응이 너무 유난스럽다'라는 충고를 들어봤거나 지나친 반응으로 다른 사람을 곤란하게 만든 경험이 있지 않은 이상, 웬만하면 스스로가 생각하는 것보다 리액션이 작다고 보면 된다. 그러니 이제부터는 자신이 느끼는 감정보다 1.2배 더 고개를 끄덕이거나 더 환하게 미소를 지어보자. 물론 뻔히 보이는 거짓 반응을 할 필요까진 없지만, 내 감정을 제대로 전하지 못해 대화가 위축되는 일만은 방지해야 한다.

오늘부터라도 '1.2배 고개 끄덕이기', '1.2배 미소 짓기', '1.2배 눈을 크게 뜨기'를 의식적으로 실천해보자. 미소를 지으면서 동시에 고개를 끄덕이거나 맞장구를 쳐보는 것도 좋다. 단, 이때 똑같은 맞장구가 계속되면 기계적인 반응으로 느껴져 오히려 역효과가 날 수 있으니, "예", "맞아", "오호", "그렇구나", "역시", "그러고 보니", "맞는 말씀이에요", "바로 그거야", "정말?", "내 말이!"와 같이 다양한 변화를 주며 반응하는 것이 좋다. 더 나아가 "그 말씀은 정확히 어떤 의미인가요?"라거나 "그 이야기에 대해 조금 더 자세히 듣고 싶어요"라는 말로 상대방의 이야기를 더 깊이 있게 끌어낼 수 있다면 100점짜리 청자가 될 수 있다.

다만 리액션을 할 때에도 주의해야 할 점이 있다. "하지만", "그건", "아니"와 같이 반박의 의미를 담은 말을 지양해야 한다는 것이다. 이런 말이 버릇처럼 나온다면 특별히 주의를 기울여서라도 습관을 고쳐야 한다. 반박하고 싶은 감정을 꾹 누르고 상대방의 말을 끝까지 들은 후 이야기를 이어나가자. 누구나 자신의 이야기가 가로막히면 짜증이 나기 마련이다. 당신이 적확한 내용의 반론을 제기하더라도 상대방은 그런 말을 듣고 싶지 않아 한다. 게다가 도중에 말이 끊기면 불쾌함은 배가된다. 반박하더라도 한번 시작된 이야기는 마지막까지 듣는 태도를 보이자. 사실 대화법의 관점에서 볼 때 웬만하면 반박하지 않고 받아들이는 게 가장 좋으니, 아주 중대한 문제가 아닌 이상 잡담을 나눌 때는 그냥 넘어가라고 조언하고 싶다.

그럼에도 꼭 반박을 하고 싶다면 "그 말씀은 곧 ……라는 건가요?"라는 식으로 의견을 물어본 후에 조심스럽게 반론을 건네는 편이 효과적이다. 때론 '아는 척'보다는 '알고도 모르는 척'이 도움이 될 때가 있는 것이다.

원 포인트 레슨

리액션은 1.2배로, 맞장구는 다양하게,

반박은 최대한 지양하자.

언제든 사용할 수 있는
11가지 잡담 소재

Ask Yourself

어떤 잡담에서든 확실하게 사용할 수 있는 소재가?

있다 ☐

없다 ☐

회의에 참가자 전원이 모이기를 기다리는 시간, 고객과 면담을 한 후 배웅을 나가는 사이, 회식 같은 자리에서 음식이 준비되기 전의 시간……. 이런 시간은 그다지 길지 않지만 그 잠깐이라도 침묵이 흐르면 견디기 힘들 만큼 거북해진다. 반대로 이 시간에 가볍게 잡담을 나누며 좋은 분위기를 만들면 상대방과 더 돈독한 관계를 맺을 수 있다.

짧은 시간이지만 반드시 잡담이 필요한 이 순간에 어떤 소재의 이야기를 꺼내놓으면 좋을까? 이번 장에서는 적절한 화제를 찾지 못해 쭈뼛거리는 순간에 누구하고든 무난하게 잡담을 이어갈 수 있는 11가지 소재를 소개하도록 하겠다.

만약 당신이 임기응변으로 이야기하는 것에 서투르다면 사전에 각각의 화제에 해당하는 잡담 시나리오를 미리 적어두기를 추천한다. 더불어 상대방에 대한 정보를 미리 입수하고, 그와 관련이 깊은 화제를 꺼낼 수 있도록 준비하는 것도 효과적이다.

① 계절

"꽤 추워졌어요." "슬슬 따뜻한 국물 요리가 어울리는 계절이 오네요." 이와 같은 계절 이야기는 누구와도 쉽게 나눌 수 있는 잡담이다. 편지나 메일을 쓸 때도 본론을 이야기하기 전 서두 부분에 활용하기 좋다.

"저는 부산 출신이라 눈을 볼 일이 거의 없어요. ○○씨는 강원도에 사셨다고 들었는데, 강원도는 역시 겨울에 많이 추운가요?"와 같이 지역과 계절을 엮어서 이야기하면 잡담을 더욱 풍성하게 만들 수 있다. 때로는 계절별 행사를 언급해보는 것도 좋다.

② 취미

취미에 대한 이야기를 나누면 서로에 대해 더 잘 이해할 수 있으므로 관계를 깊게 만드는 데 유용하다. 다만 사생활에 대해 말하는 걸 달가워하지 않는 사람도 있으니 처음부터 너무 꼬치꼬치 캐묻지는 말아야 한다. 그보다는 "○○씨는 휴일에 밖으로 나가는 편인가요? 저는 원래 집에서 쉬는 편이었는데 요즘에는 낚시에 푹 빠졌어요" 같은 말로 자신의 이야기를 먼저 꺼내며 상대방도 관련된 이야기를 해주길 유도하는 편이 더 낫다.

③ 뉴스

그 날이나 그 주에 떠오르는 화제를 이야기한다. 만약 상대가 몰랐던 정보라면 더욱 흥미를 느낄 것이다. 다만 이때는 가르쳐주겠다는 태도를 보이거나 자기 자랑을 하는 분위기가 조성되지 않게 주의해야 한다.

또한 연예인 스캔들과 같은 화제만 이야기하면 너무 경박한 사람으로 보일 수 있고, 의견이 갈리는 정치 문제를 언급하면 불필요한 대립을 일으킬 수 있으니 이 역시 신경 쓰도록 하자.

뉴스에 대한 잡담을 나누는 것 자체는 좋으나, 어떤 뉴스를 언급할지는 충분히 숙고한 후 결정하길 바란다.

④ 여행

"친구나 휴가 선우라면 '이번 여름휴가에는 어디 가실 예정이세요?' 혹은 "이번 겨울휴가 때 어디 다녀오셨어요?"와 같이 여행과 관련된 화제로 가뿐하게 잡담을 시작할 수 있다.

또는 자신이 여행 갔을 때 좋았던 곳, 여행 가보고 싶은 곳을 먼저 이야기해도 좋다. 때로는 "올 여름에 길게 여행을 가려고 계획 중인데요. 혹시 추천해주실 만한 곳 있으세요?"라고 질문을 던져 대화를 이끌어내는 방법도 유용하다. 상대방도 보다 편안하게 자신의 이야기를 꺼낼 수 있고, 그럼으로써 그 사람에 대해 더 많은 정보를 알게 되어 관계가 한층 더 깊어질 수 있다.

⑤ 날씨

사실 날씨만큼 잡담하기에 무난한 주제도 없다. 날씨는 계절만큼이나 자주 등장하는 잡담의 단골손님이다. "오늘 저녁에는 비가 온다고 하네요"와 같은 말로 정보를 알려주면 친절한 태도와 배려심까지 보여줄 수 있으니 일석이조다. 또 날씨가 좋지 않은데 상대가 당신이 있는 곳까지 찾아와준 경우에는 "궂은 날씨에 어려운 발걸음 해주셔서 감사합니다"와 같은 말로 직접 고마움을 표현하는 것도 잊지 말자.

⑥ 가족

아이들에게 애정을 많이 쏟는 상대에게는 "큰애가 올해 몇 살이 되었지?"라는 말로 아이에 대한 이야기를 건네면 대화의 물꼬가 쉽게 트인다. 물론 반려동물에 대한 이야기도 마찬가지다.

다만 "이제 슬슬 아이 가질 때도 되지 않았어?"라는 말처럼 가치관을 강요하는 말은 절대 해선 안 된다. 더불어 설사 가치관이 개입되지 않은 질문이더라도 일과 관계없는 사생활에 관해 질문하는 것 자체를 불쾌하게 생각하는 사람도 있으니, 상대에 따라 조금은 다른 방식으로 다가가야 할 필요가 있다. 앞에서 이야기한 퍼스널스페이스를 살피면서 질문의 깊이를 조절해보자.

만약 상대와 자신이 비슷한 상황에 놓여 있다는 것을 알고 있는 경우라면 일과 육아를 양립하기 힘든 상황, 부모를 모시며 느끼는 고충 등을 나누며 격려해줄 때 단번에 가까워질 수 있다. 하지만 상대의 상황에 대해 잘 모르는 경우에는 자신의 이야기를 하면서 시간을 버는 것이 무난하다.

⑦ 건강

자신이 실천해보고 괜찮았던 운동 방법이나 건강에 도움이 되는 정보를 공유하는 것도 잡담으로 나누기에 괜찮은 화제다. 상대방에게 "○○씨는 늘 활기가 넘쳐 보여요. 특별히 건강을 위해 챙기시는 게 있나요?"라고 물어보는 것도 칭찬을 겸할 수 있는 좋은 질문법이다.

반대로 상대가 아프거나 다쳤다는 이야기를 들었다면 "몸은 좀 어떠세요?"라고 안부를 물어보자. 상대방을 세심하게 챙기는 마음을 표현할 수 있다. 하지만 이때도 앞에서 이야기한 '가족'에 대한 화제와 마찬가지로, 상대가 말하고 싶지 않을 만한 영역을 무분별하게 침범하는 말은 피해야 한다.

⑧ 일

의외로 잡담에서 가장 큰 이득을 얻을 수 있는 주제가 일 또
는 비즈니스다. 가볍게 잡담을 나눌 때 들었던 정보가 생각지도
않게 도움이 될 때가 있다. 부담을 갖고 참여하는 회의가 아니
기 때문에 오히려 적극적으로 의견을 교환하기 쉽다. 그러니
가끔은 잡담하듯 가벼운 마음으로 일과 관련된 이야기를 나눠
보자.

거기에 더해 "○○씨, 전에 △△를 담당하셨죠? 그 상품을
개인적으로 구입해봤거든요"와 같은 말로 사전에 조사해뒀던
정보를 살려 그 자리의 분위기를 한층 더 좋게 만들 수 있다면
당신은 이미 잡담 고수의 경지에 올랐다고 할 수 있다.

⑨ 의복

옷이나 액세서리 등 패션, 헤어스타일에 대한 이야기를 꺼
내는 것도 좋다. 세세한 변화를 눈치채어 상대방의 센스를 칭
찬하면 듣는 사람도 기분이 좋아진다. 딱히 무엇을 칭찬해야
좋을지 모르겠다면 술어를 아껴서 "어? 헤어스타일이!"라고
변화를 눈치챘다는 것만 전달해도 충분하다. 단, 남성이 여성

에게 이야기할 때는 자칫 한 끗 차이로 성희롱이 될 수 있으니 주의한다. 도저히 적정선을 모르겠다면 이 화제 자체를 피하는 것도 상책이다.

⑩ 음식

인기 있는 음식이나 레스토랑, 최근 맛있게 먹은 음식 등도 좋은 화제가 된다. 상대방과 단골 가게가 겹친다면 자신만의 추천 메뉴나 새로운 메뉴에 대한 이야기를 나눠보자. 분위기를 부드럽게 만들 수 있음은 물론, 유익한 정보를 공유할 수도 있다. 만약 가벼운 간식거리를 갖고 방문했거나 상대에게 받았을 때는 그것과 관련된 이야기를 자연스럽게 꺼내는 것도 좋다.

⑪ 주거

이 화제도 분위기를 조금 살핀 후 이야기하는 것을 추천한다. 만약 물어봐도 괜찮을 것 같은 분위기라면 "○○씨는 어디에 사세요?"라고 질문하여 그 동네의 모습이나 명물, 명소 등에 대해 이야기를 나누면 된다.

상대가 이야기하기를 꺼리는 것 같다면 내 이야기부터 털어놓거나 회사가 있는 곳과 관련된 화제로 돌린다. 예를 들어 "회사가 신촌에 있다고 들었는데 그 근처에는 맛집이 많지 않아요?", "저희 회사가 골목에 있어서 찾기 힘들어하시는 분들이 많더라고요. 헤매지는 않으셨어요?"라고 질문하는 것이다. 자신이 사는 동네에 대한 이야기를 꺼리는 사람은 많으나, 회사가 위치한 곳에 대한 이야기를 꺼리는 사람은 찾기 힘들다. 무난하게 잡담을 나눌 수 있는 주제라고 할 수 있다.

원 포인트 레슨

계절, 취미, 뉴스, 여행, 날씨, 가족, 건강, 일, 의복, 음식, 주거에
관련된 이야기를 준비해두면 잡담이 편해진다.

잡담은
가장 단순하고 쉬운 것부터

Ask Yourself

새해에 대화, 화술에 대한 목표를 세워본 적이?

있다

없다

우리는 새해가 시작되면 언제나 새로운 목표를 세우고 꼭 달성하겠다고 굳게 다짐한다. 그러나 '작심삼일'이라는 말이 있듯이, 채 한 달도 안 돼서 실패하는 사람이 부지기수다. 그리고 그럴 때마다 자신의 의지박약을 탓하고 제대로 노력하지 못한 스스로를 원망하곤 한다.

그러나 미국 임상심리학자인 로버트 마우어Robert Maurer 박사는 『아주 작은 반복의 힘』이라는 저서에서 "목표가 아니라 실행 방법이 문제다"라는 새로운 주장을 펼치며 '스몰 스텝Small

Step 전략'을 제시했다.

인간은 아주 먼 과거부터 살아남기 위해 주변 환경의 변화에 민감하게 반응해왔다. 작은 동물들이 '부스럭'하는 소리라도 들리면 본능적으로 수풀 속으로 숨거나 냅다 도망가듯이 말이다. 과학자들은 이를 '방어 반응'이라고 이름 붙였다. 맹수처럼 스스로의 몸을 보호할 수 있는 발톱이나 이빨이 있는 것도 아니고, 그렇다고 무기를 쓸 수도 없었으니 어쩌면 그토록 환경의 변화에 민감하게 진화해온 건 당연한 이치일지도 모른다. 그리고 이는 뼛속 깊이 본능으로 새겨져, 인간의 뇌는 지금도 그 방어 반응에 지배당한다고 한다. 그러니 안 하던 운동을 하는 것도, 잘 먹던 음식을 끊는 것도, 그리고 익숙하지 않던 잡담을 하는 것도 우리의 뇌에는 갑작스런 환경의 변화로 인식되는 것이다.

새해에 대화나 화술에 대한 목표를 세워본 적이 있는가? 만약 그랬다면 당신의 다이어리에는 '재미있는 말로 분위기를 이끈다', '누구를 만나든 노련하게 이야기를 주도한다' 같은 야심 찬 목표가 적혀 있을 확률이 높다. 하지만 계획과는 달리 잡담이 시작되면 자꾸 주눅이 들고, 쉽사리 입을 떼지 못할 때가 많았을 것이다. 그 상태로 며칠이 지나면 '역시 나는 대화가 서툰가 봐' 같은 생각에 사로잡힌다. 마우어 박사는 그것을 당신의 탓이라고 말하지 않는다. 대신 갑작스러운 변화를 거부하는 인간의 본능이 문제라고 지적한다.

그는 저서에서 우리가 새로운 환경에 적응하고 변화를 이끌어낼 수 있는 방법으로 스몰 스텝 전략을 꼽는다. 이 전략의 핵심은 '방어 반응이 작동하지 않도록' 하는 것이다. 뇌가 환경이 변했다는 걸 눈치채지 못할 만큼, 너무 쉬워서 도전이라고 생각할 필요가 없을 만큼 조금씩 시도하고 천천히 허들을 높여가는 방식이다.

잡담의 기술을 높이는 데도 스몰 스텝 전략은 매우 적절하다. 높은 목표를 세운다고 해서 그 목표만으로 갑자기 대화의 고수가 될 리는 만무하다. 일단 아주 작은 목표부터 세워보자. 일정을 세분화하여 아주 조금씩 진행하면서 목표를 달성해가는 것이 가장 최적의 전략이다.

처음부터 '여유 있고 노련하게, 때로는 유머러스하게 커뮤니케이션하는 사람'이 되겠다는 높은 목표를 잡는다면 당신의 뇌는 깜짝 놀라 케이오 선언을 해버릴지도 모른다. 지금까지 그래왔던 것처럼 말이다. 그러니 금세 지쳐버리지 말고 아주 작은 것부터 천천히 시작하라.

혹시 단둘이 엘리베이터를 탔을 때 무겁고 어색한 공기가 흐르는 걸 느껴본 적이 있는가? 고작 3층을 내려가는데 마치 30층을 내려가는 것처럼 아득하게 느껴지는 그런 분위기 말이다. 앞으로는 그 분위기를 마냥 참고 있지 말고, 엘리베이터를 함께 탄 사람에게 "몇 층 가세요?" 같은 말을 먼저 건네보자. 먼저 내릴 때는 "먼저 실례하겠습니다", 타고 있는 사람이 열림 버튼을 눌러주었다면 "고맙습니다" 등 별것 아닌 말을 한마디 던지는 것만으로도 분위기가 훨씬 누그러진다.

스몰 스텝 전략으로 잡담의 기술을 익히기 적절한 또 하나의 장소가 바로 음식점이다. 음식점에서 점원들에게 한마디를 건네는 것으로 나의 잡담 기술에 사소한 변화를 줄 수 있다. 식사를 마친 후 가게를 나올 때, 점원을 바라보고 눈을 똑바로 마주하면서 "잘 먹었습니다"라고 웃으며 인사해보자. 쉽게 할 수 있는 말이지만 한 걸음 나아갔다는 기분을 느낄 수 있다.

여기서 두 번째 단계에 도전하고 싶다면 계산하면서 한마디 감상을 전달해보자. 요즘에는 "음식은 입에 맞으셨어요?" 하고 먼저 질문하는 점원들도 꽤 많다. 이때 기회를 놓치지 않고 잡담 기술을 높이는 시간으로 활용해보자. 단순히 "맛있었어요"라고 감상을 전달하는 것도 괜찮고, "고기 요리에 소스 맛이 일품이에요" "신선한 재료의 맛이 그대로 느껴져서 정말 좋았어요" 같은 말로 진지하게 음식에 대한 감상을 말해도 좋다. 잠깐이지만 점원과 정답게 대화할 수 있는 말들이다.

이 밖에도 호텔에서 체크아웃할 때 "혹시 근처에 가볼 만한 곳을 소개해줄 수 있나요?"라고 묻거나, 비즈니스 메일을 주고받을 때 '날씨가 추워졌어요. 감기 조심하세요', '회의 때 직접 뵐 일이 기대됩니다' 등 한 문장을 덧붙이는 것도 좋은 스몰 스텝 전략이다.

원 포인트 레슨
잡담 실력을 키울 때도
쉬운 것부터 차근차근 나아가야 한다.

센스 있는 잡담의 기술 ③

....

> *"그러고 보니*
> *최근에 이런 일이 있었어요."*

이 표현은 상대방에 대한 정보가 별로 없고 자신이 화제를 제공해 잡담을 리드해야 할 때 틀림없이 유용할 것이다. 이 표현을 시작으로 최근에 자신의 주변에서 있었던 흥미로운 일이나 곤란했던 일을 이야기하면 된다.

'그러고 보니'는 '그런데' 혹은 '좀 다른 이야기인데'라는 표현보다 더 자연스럽게 잡담의 흐름 속에 녹아들어 갈 수 있는 편리한 말이다. 앞의 화제를 받는 지시어로 시작하기에 이야기가 이어지는 느낌을 주기 때문이다. 그래서 신기하게도 이 '그러고 보니'는 앞에 나온 화제와 조금 다른 이야기를 할 때 꺼내도 자연스럽고, 어느 정도 침묵이 흐른 뒤에 붙여도 자연스럽다. '지금 문득 생각났는데요'라는 의미로도 사용할 수 있기 때문이다. 다음의 두 가지 주의사항만 기억하면 이 표현을 활용해 잡담을 리드할 수 있다.

첫째는 너무 당연한 이야기지만, '그러고 보니'라는 말 다음에 나올 화제를 미리 준비해둬야 한다는 것이다. "그러고 보니……, 음, 그러니까……"라고 주춤거리다 보면 대화는 끊어지고 만다. '그러고 보니'라고 입을 떼고서 머뭇거리면 분위기는 오히려 더 묘해지므로 말을 하지 않는 것보다도 못한 결과를 가져온다.

둘째는 가능하다면 이전에 하던 이야기와 최대한 관련 지어 말하는 것이다. 아예 다른 이야기를 꺼내도 아주 이상하지는 않지만, 흐름에 자연스럽게 올라타는 편이 잡담의 분위기를 유지시키기 용이하다. 다음의 예를 보며 잘못된 예와 개선된 예를 들어보자.

"얼마 전에 BTS의 콘서트에 다녀왔는데 엄청 좋았어요."
"그러고 보니 지난 달 신년회 말인데요……."

이런 흐름은 지나치게 관련이 없어서 앞의 이야기를 꺼낸 사람에게 말을 끊는다는 인상을 줄 수도 있다. 바로 이럴 때 '그리고 보니'를 적절하게 사용하면 대화를 자연스럽게 이어 갈 수 있다.

"얼마 전에 BTS의 콘서트에 다녀왔는데 엄청 좋았어요."

"분위기가 굉장했겠네요."

"돔구장에서 열렸는데요, 그 넓은 구장이 사람들로 가득 차고, 그 많은 사람이 하나가 되어 즐기는 분위기가 정말 감동적이어서 인상적이더라고요."

"우아, 정말 부러워요. '그리고 보니' 함께 즐긴다는 말 때문에 생각났는데요. 갑자기 규모가 확 작아져서 좀 민망하지만, 지난달에 열린 신년회가 예전과는 다르게 분위기가 정말 좋더라고요."

상대방의 이야기를 받아주었다는 점, 또한 '분위기가 좋았다'는 공통점을 사용해서 새로운 화제로 넘어갔다는 점에서 분위기를 끊지 않고 자연스럽게 잡담을 이어갔다고 할 수 있다.

상대방이 꺼낸 이야기의 어느 한 부분을 주목하되, 그것과 자신이 꺼낼 에피소드를 연결시킨다는 느낌으로 부드럽게 잡담을 이어가 보자. '그러고 보니'라는 말은 당신의 잡담을 빛내 줄 큰 무기가 될 것이다.

센스 있는 잡담의 기술 ④

....

> "역시 ○○씨는
> 대단하세요!"

"칭찬은 고래도 춤추게 한다"라는 말이 있다. 그러나 의외로 '잘 칭찬하는 것'은 난도가 높은 과제다. 까딱하면 잘못된 표현으로 상대방에게 거만하다는 인상을 줄 수 있기 때문이다. 예를 들어 선배에게 "프레젠테이션 꽤 잘하시네요"라고 말했다고 가정해보자. 당신은 칭찬하는 의도로 말했더라도 선배는 건방지다고 받아들일 수 있다. 칭찬을 받아서 기쁘기보다는 어처구니가 없을 것이다.

이렇듯 어떻게 칭찬해야 할지 잘 모르겠을 때 쓸 수 있는 유용한 단어가 '역시'다. '지금까지 실적과 평판에 걸맞게 당연히 좋은 결과가 나올 것이라고 틀림없이 예상했는데, 그 기대를

104

저버리지 않고 이번에도 상당히 훌륭했으므로 또다시 감탄하지 않을 수가 없다'라는 뉘앙스를 담고 있기 때문이다. 현재의 성과만이 아니라 이전부터 상대의 실력을 훌륭하게 보고 있었다는 의중을 넌지시 전달할 수 있는 탁월한 칭찬 표현이다.

· 역시 대단하세요.

· 미처 몰랐어요(견식이 부족했습니다).

· 굉장하네요(멋있습니다, 훌륭합니다).

· 센스가 좋으세요.

너무 연발하면 가식처럼 느껴질 수 있지만 이런 맞장구들을 적절히 사용하면 상대방이 기분 좋게 말을 이어가는 분위기를 만들 수 있다. 그 외에도 "지당하신 말씀입니다", "우아", "아, 이해가 되네요", "그러고 보니 그렇군요" 등 맞장구치는 말을 늘리고 풍부한 표정으로 리액션하는 습관을 길러두길 바란다. 당신에게 아무런 호감이 없던 사람도 금세 고래처럼 춤추게 만들 수 있는 마법의 표현들이다.

3장

잡담에
지성과 교양을 더하는 법

품격 있는 그 사람은
잡담부터 다르다

Ask Yourself

서점에 얼마나 자주 갑니까?

거의 매일 ☐

주 1회 정도 ☐

월 1회 정도 ☐

전혀 가지 않는다 ☐

최근 들어 정보가 소비되는 사이클이 점점 짧아지고 있다. 1년 전에 인기 있었던 유행어는 이미 촌스러운 말이 된 지 오래고(어떤 말이었는지 기억하는 사람이나 있을까?) 인기 스타의 스캔들도 불과 한 달만 지나면 대중의 기억 저편으로 사라진다. 그러다 보니 대화를 나눌 때 SNS에서 본 트렌디한 화제를 언급하는 것조차 주저하게 된다.

요즘은 세간에 다양한 이야기가 단숨에 달아올랐다가 순식간에 사라지곤 한다. 이른바 '정보의 홍수', '정보의 과부하'라고 불리는 시대다. 물론 유행하는 화제를 알아두면 잡담에 도움이 되기는 하지만, 최신 정보란 말 그대로 '옥석혼효玉石混淆'로 가치 있는 이야기와 가치 없는 이야기의 집합체여서 그중에서도 좋은 화제를 선별해야 하는 수고가 뒤따른다. 유행에 뒤처지지 않도록 열심히 정보를 수집해봐도 나중에 보면 쓸데없는 정보뿐일 때가 얼마나 많은가. 시간이 흐른 뒤 근거 없는 거짓 정보로 밝혀지는 것들도 허다하다.

그러니 최신 정보는 상대방이 언급할 때 어느 정도 맞장구를 칠 수 있을 정도로만 알아두면 된다. 즉, 유행에 목숨 걸고 따라가려고 노력할 필요는 없다. 며칠 SNS를 보지 않는다고 해서 딱히 곤란한 일이 생기지는 않는다. 금방 화제성이 떨어지는 최신 정보에만 급급하다가 가볍고 텅 빈 사람이 되는 것이 더 큰 문제다.

품격 있는 사람은 잡담부터 다르다. 어떤 사람은 가볍게 잡담을 나눌 때조차 지성과 교양이 흘러넘친다. 그것이 '진짜 가치 있는 정보'를 알고 있는 사람과 그렇지 않은 사람의 차이다. 요즘처럼 변화가 빠른 사회에서 가장 안타까운 것은 가치 있는 정보마저 대량의 쓸모없는 정보 더미와 함께 흘러가 버린다는 점이다. 이런 추세에 맞서 언론계에도 '슬로 저널리즘'을 지향해야 한다는 움직임이 생기고 있다. 소문과 억측만 담겨 있는 가짜 뉴스를 내보낼 바에는 시간을 들여 면밀히 취재하고, 사건의 진실을 밝힌 뉴스를 내보내야 한다는 것이다.

최근 몇 년 사이에 성인이 배워야 할 필수 지식으로 '교양'과 '고전'이 다시 주목받고 있는 것도 이와 비슷한 맥락이다. 정보의 소비가 너무 빠른 나머지, 그것과는 반대로 수백 년 혹은 수천 년이라는 긴 시간 동안 살아남은 정보를 배우고 싶다는 욕구가 생겨난 것이다. 잡담으로도 지적인 인상을 주고 싶은 사람이라면 휘발성이 강한 최신 이슈보다는 이와 같이 수명이 긴 정보를 배워두는 게 좋다.

그리고 이 '수명이 긴 정보'를 만날 수 있는 곳이 바로 서점과 도서관이다. 철학, 음악, 역사, 무엇이든 좋으니 흥미가 생기는 분야가 있다면 서점에서 해당 코너를 찾아가 보자. 거기에 꽂혀 있는 입문서 제목을 확인하는 것만으로도 그 분야를 어떻게 공부해야 할지 어느 정도 감이 잡힌다. 인터넷으로는 아무리 검색해도 단편적인 정보밖에 얻을 수 없는 데다가, 아무것도 모르는 입문 단계에서는 대체 무슨 키워드로 검색해야 하는지조차 모르기 때문에 이때는 책에서 정보를 찾아야 한다.

'잡담의 자산' 중에는 실제로 서점에 가야만 얻을 수 있는 것들이 있다. 서점에서는 '딱 적당한' 최신의 정보를 모을 수 있다. '딱 적당하다'는 것은 트렌드에 부합하되 다음 날, 다음 주면 잊힐 정도로 단기적이고 영양가 없는 정보가 아니라는 뜻이다. 이처럼 시의성과 가치를 두루 갖춘 정보는 서점에서만 찾을 수 있다. 나는 잡담의 자산을 쌓기 위해 내 관심 분야 외에도 다음 세 가지의 코너를 정기적으로 둘러본다.

① 베스트셀러 코너
② 경제·경영 서적 코너
③ 잡지 코너

여기에 놓여 있는 책들의 제목을 살피면서 돌아보는 것만으로도 지금 사람들이 어떤 것에 관심이 있는지, 지금 떠오르고 있는 이슈가 무엇인지 파악할 수 있다. 더불어 몇 권의 책이 공통적으로 다루는 키워드를 조사하거나 베스트셀러들이 잘 팔리는 이유를 고찰해본다. 그리고 내가 전혀 관심이 없는 분야라도 일단 베스트셀러 1위에 오른 책이라면 무조건 읽어보기도 한다.

물론 취향에 맞는 책을 읽으며 즐거운 시간을 보내는 것은 가치 있는 일이다. 여기에 더해 책을 통해 세상의 흐름을 알아가는 습관을 들이면 그 어떤 자산보다도 값진 지혜와 통찰력을 얻을 수 있을 것이다.

원 포인트 레슨
잡담을 나눌 뿐인데도 지성과 교양이 흘러넘치는 사람은
서점과 도서관에서 잡담 소재를 찾는다.

재미의 기준은
언제나 상대방에게 있다

Ask Yourself

당신의 회사나 가족만의 독특한 관습이 있습니까?

굉장히 많다 ☐

어느 정도 있다 ☐

없다 ☐

남편이 처음 우리 집에 왔을 때 남편도, 나도 무척 놀란 적이 있다. 새해 첫날에 온 가족이 모이면 한 명씩 신년의 포부를 발표하는 우리 집만의 전통 때문이었다. 발표하지 않는 어린이에게는 세뱃돈을 주지 않을 만큼 우리 집에서는 매우 중요시하는 전통이다. 이런 건 처음 해본다며 놀라는 남편을 보고 "뭐? 어느 집에서나 다 하는 거 아니었어?"라고 나도 덩달아 놀랐다.

누군가에게는 일상적인 일이 다른 사람에게는 아주 생소할 수도 있다는 당연한 사실을 새삼스럽게 깨닫게 된 날이었다. 이처럼 우리는 자신도 모르는 사이에 스스로의 방식이나 사고를 절대시한다. 다른 것과 비교하거나 객관적인 시선으로 관찰할 때에야 비로소 자신의 특징이나 방식이 보편적이지 않을 수도 있다는 걸 깨닫는다. 이것을 '상대화'라고 한다.

상대화를 염두에 두면서 자신과 자신의 가족을 관찰하는 일은 잡담거리를 늘리는 또 하나의 비결이다. 생활 습관, 가사 방식, 부부의 역할 등 누구하고나 이야기할 수 있는 주제를 갖고 "우리 집에서는 이렇게 하는데, 보통 이렇게 하지 않나요?", "저는 이렇게 하는 거라고 생각했는데, ○○씨네 집에서도 그렇게 하시나요?"와 같은 식으로 말을 꺼내면 자연스럽게 잡담을 이어갈 수 있다. 상대가 "우리도 그래요!"라고 공감하는 경우는 물론, "그런 건 처음 들어요!"라고 놀라는 경우에도 대화가 끊이지 않고 이어진다. 이처럼 '나만이 가진 독특한 특성'은 언제든 잡담에 쓸 수 있는 유용한 화제다.

업계나 회사에 따라 달라지는 일의 특성도 잡담할 때 꺼내기 좋은 소재다. 나 역시 다른 업계의 특성을 발견하고 흥미를 느껴 이를 잡담의 소재로 활용한 적이 있다. 예전에 회사원이 된 제자를 만나러 갔는데, 헤어질 때 제자가 "그럼 안전히"라고 인사하는 게 아닌가! 왜 그런 인사를 하느냐고 되물으니, 회사에서 나누는 인사가 습관이 되어 튀어나왔다는 것이었다. "그런 말로 인사를 해?"라며 놀라는 내게 제자는 오히려 더 당황해하며 "그렇게 이상한가요?"라고 물었다. 그는 안전에 특히 유의해야 하는 철강이나 건설업계에서는 의외로 흔히 사용하는 인사라고 설명해주었다.

나는 이 인사법이 흥미로워 수업을 할 때나 누군가를 만났을 때 몇 번이나 잡담 소재로 사용하곤 했다. 하지만 정작 내 제자는 이 인사법을 소재로 삼아 잡담할 생각은 못 했을 것이다. 스스로에게는 너무나 당연한 일이니, 이게 다른 사람에게는 재미있게 들릴 수 있다는 걸 예상조차 하지 못하는 것이다. 이처럼 어떤 독특한 이야깃거리를 갖고 있더라도 상대화를 하지 않으면 깨닫기 어렵다.

나는 몇 차례 전직을 하며 여러 직장을 비교해본 덕분에 현 직장이나 전 직장이 가진 독특한 특성을 금방 알아차릴 수 있었다. 그런 사항들을 기억해두었다가 나중에 잡담의 소재로 쏠쏠히 사용하기도 했다. 평소에도 다음 사항을 기억하며 자신이 몸담고 있는 곳을 주의 깊게 관찰해보자.

· 한 회사의 상식은 다른 회사에서 비상식적일 수 있다.
· 한 업계에서 당연한 일이 다른 업계에서는 있을 수 없는
일이 되기도 한다.
· 어느 직종에서는 필수적인 일이 다른 직종에서는 쓸데없
는 일로 받아들여질 수 있다.

최근 인기를 끄는 드라마 중에는 어떤 특수한 직종이나 업
종의 이야기를 다룬 작품이 많다. 이전부터 꾸준히 드라마 소
재로 쓰였던 의료계나 경찰계 외에도 은행의 이야기를 담은
「한자와 나오키半沢直樹」, 출판사의 모습을 엿볼 수 있는 「중쇄
를 찍자!重版出来!」처럼 최근에는 다양한 업계가 드라마로 다뤄
지고 있다. 이 드라마들의 인기에 자신이 모르는 세계를 들여
다본다는 재미가 큰 영향을 미쳤을 것이다.

비슷한 예로 일본에서는 2018년에『이 쓰레기는 수거할 수
없습니다このゴミは収集できません: ゴミ清掃員が見たあり得ない光景』라
는 책이 출간되어 큰 호평을 받은 적이 있다. 코미디언으로 활

116

동하면서 동시에 환경미화원으로도 일하는 특이한 이력의 작가가 쓴 책이다. 책에는 '칫솔을 어떻게 분리수거해야 하는가'에 대한 일화가 나온다. 일반적으로 칫솔은 플라스틱으로 만드니 재활용 쓰레기일 것이라고 생각하지만, 칫솔모가 섬유 성분이라는 사실을 알고 있는 환경미화원에게는 당연히 일반 쓰레기로 분류된다. 이렇게 보통은 잘 모르지만 업계에서는 당연하게 여겨지는 사실을 알 수 있다는 점에서 신선하고 재미있다는 평을 얻었다.

어떤 업계든 업계 밖의 시선으로 보면 흥미를 느낄 만한 부분을 갖고 있다. 물론 업계마다 비밀로 해야 할 사항도 있으니 아무 이야기나 떠벌릴 수는 없지만, 자신이 속한 업계나 회사만의 독특한 특성은 좋은 잡담거리가 된다. 내가 속한 업계에서 벌어지는 일들을 생각해보고 외부의 시선에서 봤을 때 어떤 부분을 흥미롭게 느낄지 연구해보자.

예를 들어보자면 나는 일반 회사원을 대상으로 하는 강좌에서 '출근 시간'과 '휴일'을 주제로 잡담을 꺼내곤 한다. 학원은 여타의 업계들과는 일하는 사이클이 다르기 때문이다.

"여러분, '정시 출퇴근'이라고 하면 몇 시부터 몇 시까지인가요? 그렇죠, 대부분 9시에 출근하고 6시에 퇴근하지요. 하지만 학원은 아이들의 학교 수업이 끝난 후부터 본격적으로 시작되기 때문에 오후 2시나 3시에 출근해서 밤 10시나 11시에 퇴근하는 것이 '정시 출퇴근'입니다. 게다가 학생들이 학교에 가지 않는 주말에는 보충 수업이나 특강을 하는 날이 많기 때문에 오히려 더 바쁘지요. 그러니 학원 강사와 만날 일이 있다면 꼭 주말을 피해서 약속을 잡아주세요. 주말에는 시간을 내기가 힘들답니다."

갓 취업했을 때나 직장을 옮겼을 때, 새로운 환경에서 신선하다고 느낀 관습이나 규칙 등을 기억해두자. 언젠가 다른 환경에 갔을 때 유용한 잡담거리가 될 수 있기 때문이다. 의식해서 유심히 관찰하다 보면 새롭게 깨닫는 부분이 있을 것이다.

만약 한곳에서만 너무 오랫동안 근무해 어떤 점이 독특한지 잘 모르겠다면 친구, 동료와 각자의 업계나 회사에 대한 이야기를 나눠보는 것도 좋다. 사소하게는 복장에 대한 규정이나 업무 프로세스, 나아가 상품마다 다른 마케팅 전략 혹은 위기관리 매뉴얼까지, 하나하나 비교하다 보면 자신의 업계와 회사만이 가진 독특한 특성을 금방 알아차릴 수 있다. 종종 친구들과 일에 대한 생각이나 불만을 털어놓다 보면 어딘지 모르게 위화감이 느껴질 때가 있지 않은가? 그 순간이야말로 자신이 일하는 곳의 특징을 포착할 수 있는 기회다.

원 포인트 레슨

자신에게 당연한 것도 다른 사람에게는

재미있는 이야깃거리가 될 수 있다.

업계 밖의 정보는
잡담의 무기가 된다

Ask Yourself

회사 밖의 정보를 어떻게 얻습니까?

친구 ☐

잡지나 신문 ☐

인터넷에 개인이 쓴 글 ☐

특별히 얻지 않는다 ☐

시야가 넓다는 건 그 자체만으로 인생에서 큰 무기가 된다. 이를테면 여러 업계의 정보에 능통한 사람은 직업적인 기회를 빠르게 발견할 수 있다. 혹은 이윤을 낼 만한 기업을 남들보다 기민하게 알아차리고 투자해 높은 수익을 얻을 수도 있다. 그리고 넓은 시야를 통해 얻은 정보는 여러 자리에서 잡담거리로 쓸 수 있으니, 잡담에서도 언제나 한발 앞서갈 수 있다. 그렇다면 어떻게 해야 남들보다 빠르게 업계 밖의 정보를 얻을 수 있을까?

간단한 방법이 두 가지 있다. 첫째로는 경제 저널을 읽는 것이다. 경제 저널은 일반 신문에서 크게 다루는 정치나 사회 문제, 스포츠 같은 정보 대신에 소비, 교통, 마케팅에 관한 정보를 주로 다룬다. 각 기업의 새로운 전략이나 사회의 트렌드 등을 소개하고 분석하기 때문에 비즈니스를 하는 사람들에게 참고가 될 만한 내용이 많다. 주로 의류, 식음료, 교육 등 일상에서 여러모로 자주 접하는 업계를 다루므로 자신이 종사하는 업계가 아니더라도 이해하기 쉽다는 장점이 있다.

또한 발행 주기도 다양해서 편리하다. 매일 발행하는 신문은 물론, 주간지나 월간지처럼 다양한 형태가 있으니 각자의 사정에 따라 알맞은 신문을 선택하면 된다. 만약 특유의 게으름 탓에 읽지 못하고 쌓일까 봐 걱정이 된다면 읽을 여유가 있는 날에만 구입해서 읽어보자. 혹은 온라인으로 기사를 구입해 읽을 수도 있다.

둘째로는 트위터 같은 SNS를 통해 다른 업계에서 활약하는 사람의 정보를 받아보는 것이다. 요즘에는 SNS를 통해서도 다른 직업의 세계를 손쉽게 엿볼 수 있으니 얼마나 편리한가! '모르는 업계 이야기이니 어렵지 않을까?' 싶어 걱정될 수도 있지만, SNS에는 어려운 업계 용어보다는 쉬운 표현을 사용해 자신의 경험에 대해 친절히 설명해주는 사람들이 더 많다. 알기 쉬울 뿐 아니라 재미있고 실감나는 글도 많다.

나도 의사, 간호사, 변호사, 컨설턴트, 프로그래머, 방송 업계나 광고 업계에서 일하는 사람 등 다양한 직업을 가진 사람들을 팔로우하고 있다. 그 덕분에 학생들과 상담하거나 수업할 때 참고가 되는 정보도 쏠쏠하게 얻는다.

최근에는 아이돌이나 배우 중에도 SNS를 하는 사람이 늘어났다. 그들이 SNS에 올리는 내용 자체가 흥미롭기도 하고, 어떤 작품이 완성되기까지 직업인으로서의 고뇌나 노력을 직접 느낄 수도 있다.

흔히 접하기 어려운 직업 세계를 소개하는 방송을 보는 것도 도움이 된다. 이렇게 업계 밖의 정보를 수집하다 보면 몰랐던 사실이나 폭넓은 영역의 지식을 알 수 있고, 그럼으로써 재미있는 잡담 소재를 발굴해낼 수도 있다.

다만 잡담거리로 쓸 만한 소재를 찾을 때는 '첨예한 부분이 있는지'를 중점적으로 살펴야 한다. '첨예하다'는 것은 뾰족하게 튀어나와 있는 것, 여타의 것들과 다르게 눈에 띄는 것을 말한다. 즉, 눈에 확 띌 만큼 뚜렷한 개성이 있어야 한다는 뜻이다. 어떤 소재든 간에 뚜렷한 개성이 있어야 듣는 사람을 이야기 속으로 푹 빠지게 만들 수 있다. 예를 들어 '역사상 최초'나 '국내 최초'처럼 지금까지 없었던 일, 압도적으로 큰 수치, 예상이나 통념을 뒤집는 의외성, 특이하고 이상한 일처럼 눈길이 가야 한다.

내가 자주 언급하는 소재를 예로 들어보겠다. 한 기업에서 SNS 게시물을 공유한 사람 중 100명을 추첨해 각자에게 100만 엔씩을 선물하는 이벤트를 한 적이 있다. 선물의 총액이 무려 1억 엔에 달해, SNS에서만 500만 회 넘게 공유되고 미디어에서도 특집으로 다루는 등 큰 스포트라이트를 받았다. 강연을 할 때 이 이야기를 꺼내면 청중이 단번에 집중한다. 500만 번이라는 공유 횟수와 1억 엔이라는 큰 금액이 눈길을 끄는 것이다. 그렇게 흡입력 있는 화제를 찾았다면 어떤 방식으로 이야기를 꺼낼 것인지, 그 화제를 통해 또 다른 주제로 잡담을 뻗어나갈지 미리 시뮬레이션을 해보는 것도 좋다.

이처럼 업계 밖의 정보를 수집하다 보면 잡담거리가 많아짐은 물론이고, 새로운 아이디어나 일하는 방법에 대한 힌트를 얻을 수도 있다. 내 눈앞에 있는 것밖에 모른다는 건 여러모로 안타까운 일이다. 좀 더 시야를 넓혀 잡담 기술을 키우고, 나아가 내 인생의 기회를 찾아내보는 건 어떨까?

원 포인트

경제 저널과 SNS를 활용해

업계 밖의 정보도 입수한다.

누구나 할 수 있는
가장 쉬운 잡담법

Ask Yourself

□개월 이내에 여행을?

여러 번 다녀왔다   ☐

한 번 다녀왔다   ☐

가지 않았다   ☐

　'여행'은 언제 어디서든 도움이 되는 편리한 잡담 소재다. 만약 상대가 나와 같은 곳에 가본 적이 있다면 각자의 여행 에피소드를 공유하며 공감대를 형성할 수 있다. 금방 화기애애한 분위기가 조성될 것이다. 반대로 내가 이야기하는 여행지에 대해 상대가 전혀 모른다고 해도, 이때는 정보를 얻을 수 있으므로 상대도 흥미롭게 들을 것이다. 이렇듯 여행 이야기는 누구와도 즐겁게 잡담을 이어나갈 수 있는 '만능 소재'라고 할 수 있다.

여기서 한 가지 팁은, 여행에 관한 잡담을 나눌 때는 객관적인 정보보다 주관적인 감상을 말하는 편이 더 좋다는 것이다. 객관적인 정보는 책이나 인터넷으로도 충분히 얻을 수 있지만, 주관적인 체험이나 감동은 직접 가본 사람만이 아는 것이기 때문이다.

다만 여행지에 대해 객관적인 정보를 이야기하다 보면 은연중에 상하 관계를 만들 수도 있다. 나만이 아는 지식에 대해 말할 때는 "모르셨어요?"라는 문제의 문구가 튀어나오기 십상이다. 이런 말이 불쑥 나오기 전에 지식보다는 감상에 초점을 맞춘 이야기를 하자.

- 유명한 관광지, 음식은 실제로 어땠는가?
- 어떤 점이 의외로 좋았는가?
- 그곳에 간다면 무엇을 추천해줄 것인가?

위와 같은 사항에 대해 여행지에서 느낀 감동과 놀라움을 가득 담아 말해보자. 상대방도 흔히 알 수 있는 지식보다는 당신의 진심 어린 감상을 훨씬 궁금해할 것이다.

이와 비슷한 맥락으로 주말에 나갔던 근교 나들이나 동네 산책도 흥미로운 잡담거리가 될 수 있다. 당신의 집 근처에 새로 생긴 가게나 요즘 들어 화제가 되고 있는 이른바 '핫 플레이스'에 대해 말해보자. 이때 역시 상하 관계를 만드는 것은 경계해야 할 사항이다. '무엇이 어떠했는지'에 초점을 맞추고, 자기 자신이 이야기의 중심이 되지 않도록 주의하자.

아무리 유용한 소재라도 잡담을 나누는 사람들 사이에 상하 관계가 생기면 즐겁고 편안한 잡담이 될 수 없다. 여행처럼 비교적 이야기하기 쉬운 화제를 나눌 때도 그 사실을 기억하고, 객관적 사실보다는 주관적 감상을 말하도록 신경 쓰자.

원 포인트 레슨
여행 이야기는 누구나 할 수 있는 가장 쉬운 잡담!
감동과 놀라움을 담아 이야기를 풍성하게 만든다.

취미를
잡담으로 활용하는 방법

Ask Yourself

여러분의 취미는 무엇입니까?

〔   〕

〔   〕

〔   〕

당신의 취미 중에 흔하지 않거나 조금이라도 특이한 것이 있는가?

만약 웬만해서는 하지 않는 개성 있고 독특한 취미가 있다면 당신은 이미 최고의 무기를 갖고 있는 것이다. 취미에 대한 이야기가 시작된다면 잡담거리가 없어서 곤란해지는 일이 없을 테니 말이다. 나 역시 독특한 취미 덕택에 유연하게 잡담을 이어간 적이 많다. 명함에 취미를 적어놓아 상대방이 자연스럽게 취미에 대해 질문하도록 유도했기 때문이다.

나는 명함에 연락처와 간단한 프로필 말고도 '취미' 칸을 만들어 일본 전통 현악기인 '샤미센 연주'라고 적어두었다. 그 덕분에 명함을 교환하면 자연스럽게 취미에 대한 잡담을 나누게 된다. 대부분의 사람들이 "어머, 샤미센을 연주할 줄 아시나 봐요? 어떻게 시작하셨나요?" 같은 질문을 해오기 때문이다.

　다만 취미 이야기를 할 때도 자기 자랑으로 이어지지 않도록 주의해야 한다. 독특한 취미에 대해 말하다 보면 자칫 그런 취미를 갖게 된 자기 자신을 뽐내는 듯한 뉘앙스를 풍길 수도 있다. 하지만 질문을 받아 거기에 대답하는 것은 전혀 다르다. 내가 명함을 이용해 화제가 나오게 유도했듯이, 상대가 먼저 취미에 대해 묻도록 전략적으로 접근하는 편이 좋다.

　그리고 질문을 받을 때를 대비해 취미를 시작한 계기를 간략하되 흥미롭게 전달할 수 있도록 미리 준비해두자. 그 이야기가 새로운 화제의 씨앗이 되어 또다시 잡담을 발전시킨다.

　내 경우, "가부키를 좋아해서 극장에 드나들다 보니 반주에 사용하는 샤미센의 소리에 매료되었어요"라고 말하며 질문에 대답하는 동시에 '가부키'라는 새로운 화제를 은근하게 꺼낸다. 그러면 상대방은 "가부키를 자주 보러 가세요?"라는 질문을 또다시 던질 때가 많고, 여기에 "네, 좋아하는 가부키 배우도 여럿 있어요", "그러고 보니 요즘은 가부키 배우들도 영화나 드라마에 나오더군요"와 같이 대화가 풍성해진다.

물론 때에 따라서는 "샤미센을 취미로 하세요? 우아……(침묵)"와 같이 당황스러울 만큼 대화가 전개되지 않는 경우도 있다. 이런 어색한 침묵이 생길 때를 대비해, 내 취미에 대해 전혀 모르거나 아예 관심이 없는 사람이라도 어떤 반응이든 보일 수 있는 이야기를 준비해두길 권한다.

내 사례를 더 이어가 보겠다. "샤미센을 배우기 시작한 후에 아주 어렸을 적 말고는 느껴보지 못했던 기분을 느끼고 있어요. 잘하고 싶다는 마음만으로 서툴지만 꾸준히 연습하는 그런 기분이요." 이렇게 이야기하면 대부분이 "배우려는 자세는 중요하죠", "저도 어렸을 때 피아노를 배웠던 게 생각나네요" 등 공감하는 말을 건넨다.

혹은 듣는 사람이 그 소재에 관심이 없다면 웬만해서는 모를 법한 신기한 정보를 전해주는 것도 좋다. 놀라움이든 감탄이든 어떤 리액션을 이끌어낼 수 있기 때문이다. 나도 위와 같이 대화가 전개되지 않을 때는 재빠르게 다음과 같은 정보를 덧붙이곤 한다.

"저도 샤미센을 배우면서 알게 되었는데요. 샤미센이 무엇으로 만들어졌는지 아세요? 알고 보니 고양이나 개 가죽으로 만든다고 해요. 그래서 지금은 동물 보호의 문제로 만들기가 어려워졌다고 하더라고요. 지금 업계에서도 다양하게 내안를 모색 중인데, 그래서 캥거루 가죽으로 만든 샤미센도 있다고 하네요."

샤미센에 관심이 없는 사람이라면 모를 내용이지만, 그렇다 해도 처음 듣는 정보이므로 대개 흥미로워한다. 게다가 개, 고양이에 대한 이야기나 동물 보호에 대한 이야기가 시작돼 자연스럽게 다른 화제로 잡담이 이어지기도 한다.

이처럼 상대방의 반응을 충분히 끌어낼 수 있을 법한 말을 미리 생각해두면 어떤 사람과도 취미를 소재로 짧은 잡담을 이어갈 수 있으므로 무척 도움이 된다. 그러니 개인적으로 명함을 만들어 사용하는 사람이라면 꼭 취미 칸을 넣어보자. 회사에서 일괄적으로 지급한 명함을 사용한다면 SNS의 프로필에 적어둬도 되고, 자기소개를 할 때 살짝 덧붙이는 방법도 있다.

물론 독서나 영화 감상처럼 극히 일반적인 취미밖에 없는 사람도 있을 것이다. 그런 취미를 써놓으면 그저 빈칸을 채우기 위해 써넣은 말 같아서 아무도 관심을 주지 않을 수도 있다. 하지만 평범한 취미라도 어떻게든 대화를 끌어낼 방법이 있다. 그러니 잡담을 위해 굳이 독특한 취미를 새로 만들 필요는 없다. 평범한 취미라도 상대방의 흥미를 돋울 한마디를 덧붙여 써놓으면 된다.

취미가 독서라면 괄호를 치고 '스포츠 선수가 쓴 에세이', '해외 소설'처럼 좋아하는 분야를 적어두거나 '일주일에 한 권', '한 달에 4권'과 같은 빈도를 적어두는 것이다. 이처럼 구체적인 정보를 적어두는 편이 상대의 흥미를 자극하기 쉽다. "스포츠 선수가 쓴 에세이 중 추천할 만한 책이 있나요?", "책을 정말 자주 읽으시네요. 그럼 얼마 전에 출간된 ○○도 읽으셨나요?"와 같은 반응을 손쉽게 이끌어낼 수 있다. 같은 취미를 가진 사람이라면 자신의 구체적인 취향에 대해 먼저 말하기도 한다.

취미는 누구나 가장 잘 알고 있고, 자신 있게 이야기할 수 있는 소재다. 개성 있는 독특한 취미로 상대방의 호기심을 자극하거나 취미에 대한 보다 구체적인 정보로 이야기를 이끌어내

거나, 어떤 방법을 선택하든 취미는 당신의 잡담을 화기애애

하게 만들어줄 것이다. 분위기를 리드하는 또 하나의 간단한

비결이다.

원 포인트 레슨

독특한 취미는 잡담의 무기! 평범한 취미라면

장르나 빈도를 덧붙여 흥미를 유발해보자.

센스 있는 잡담의 기술 ⑤

> "이번 건에 대해
> 어떻게 생각하세요?"

잡담을 할 때도 말하는 사람 사이의 '균형'을 항상 고려해야 한다고 조언한 바 있다. 하지만 금방 이 사실을 잊고 신나서 혼자 이야기를 늘어놓을 때가 많다. 그러지 않기 위해서는 말 중간중간에 상대방의 견해를 물어보는 표현을 끼워 넣어보자.

아무리 입이 무거운 사람이라도 "꼭 당신의 의견을 듣고 싶어요", "다른 사람이 아닌 당신의 생각을 알고 싶어요"라는 말을 들으면 못 이기는 척 자신의 의견을 털어놓게 된다. 어쩌면 분위기를 살피느라 조용히 있었을 뿐, 하고 싶은 이야기가 많았을 수도 있다.

뉴스나 업계의 트렌드, 새로운 정보 등 무언가 화제를 꺼낸

후에는 그 내용에 관해서 상대방의 견해를 물어보자. 믿음직한 전문가에게 조언을 구하는 느낌으로 말이다.

"저는 ○○라고 생각했는데, 혹시 귀사에서는 어떻게 생각하시는지요?"
"개인적으로는 △△ 같은 느낌이 들었는데 어떻게 생각하시나요?"

이렇게 자신의 견해를 먼저 내놓으면서 이야기의 물꼬를 터보자. 이미 한쪽의 주장을 들었고, 의견을 청하는 말까지 들었으니 상대방은 거기에 동조하든 반대하든 자신의 생각을 가감 없이 풀어놓을 것이다.

센스 있는 잡담의 기술 ⑥

··

"그 이야기 자세하게
말씀해주실 수 있나요?"

질문은 대화에서 매우 중요한 요소 중 하나다. 잡담의 물꼬를 트고, 서로의 의견을 주고받는 데 질문보다 유용한 도구는 없다. 하지만 질문을 한 후에 대화가 이어지지 않는 경우 오히려 어색한 침묵이 발생한다. 질문과 대답 이후에 정적이 감도는 것만큼 피하고 싶은 상황도 드물다.

"최근에 어떤 일을 하고 계세요?"

"사원을 채용할 때 실무자 면접 단계를 담당하고 있어요."

"그러시군요."

"네."

"……."

"……."

상상만 해도 거북하지 않은가? 질문은 중요하지만, 더 중요한 것은 질문 이후에 대화를 이어나가는 것이다. '묻는다 → 대답한다'라는 단순한 왕복 한 번으로 끝난다면 그건 대화가 아니라 취재나 심문이다. 상대의 대답을 듣고 거기에 어울리는 반응을 하며 부드럽게 이야기를 이어갈 수 있어야 한다.

이때 가장 간단한 방법은 대답한 내용에 대해 더 구체적인 질문을 던지는 것이다. 특별히 궁금한 사항이 없어서 어떻게 추가 질문을 해야 할지 모르겠다면, 솔직하게 "그렇군요. 조금 구체적으로 들려주실 수 있나요?", "와, 그 이야기 자세하게 말씀해주실 수 있나요?"라고 부탁하는 것도 좋다. 좀 더 자연스럽게 하고 싶다면 "그 말씀은……?"이라는 말로 끝을 살짝 흐리며 질문하는 방법도 있다. 상대방도 어색하지 않게 구체적인 정보를 꺼내놓을 것이다.

4장

잡담을 한층 더 빛나게 하는 구성의 기술

타고난 입담 없이도
재미있는 잡담의 기술

Ask Yourself

잡담, 회의, 프레젠테이션을 하는 중간에 웃음을 이끌어내는 일을?

잘한다 ☐

못한다 ☐

잡담을 할 때 유머만큼 큰 무기는 없을 것이다. 더군다나 유머러스한 사람은 어딜 가나 환영받고 인기가 있다. 재미있는 사람에게 호감이 가는 건 인지상정이므로, 대화 기술을 연마한다고 하면 누구나 유머부터 장착하고 싶어 하는 것도 당연한 일이다.

다만 이때 주의해야 하는 건 '유머'와 '개그'를 착각해서는 안 된다는 점이다. 안타깝게도 보통 누군가를 웃게 만든다고 하면 폭소를 터뜨리게 만드는 것을 상상한다. 하지만 잡담을 할 때는 애초에 이렇게 큰 웃음을 유발하지 않아도 괜찮다. 진짜 잡담의 고수들은 '가벼운 웃음'을 노리고 유머를 던진다. 단지 미소를 짓는 것만으로도 긴장감이 풀리고 분위기가 밝아지기 때문이다. 일상의 잡담에서 큰 웃음을 노리다가는 오히려 분위기가 썰렁해지고 어색해지는 상황이 벌어질 수도 있다.

개중에는 이상한 언동이 웃음을 자아낸다고 착각하는 사람도 있다. 유머와 개그를 착각해서 생겨나는 결과다. 성숙한 어른의 대화에서 가벼운 웃음을 유발하는 것은 괴짜 같은 언동이 아니라 '공감'이다. 토크쇼에서 인기를 얻는 코미디언들을 보면 누구나 경험했을 법한 소재로 시청자들의 공감을 자아내며 분위기를 재미있게 만들지 않던가. '공감'이라는 포인트를 공략해 "알 것 같아!", "맞아, 맞아"라며 즐거워하는 반응을 이끌어내는 것이다.

물론 전문 MC나 코미디언처럼 이야기를 맛깔나게 구성하거나 화려한 몸짓과 성대모사를 곁들이며 이야기하기는 어렵다. 우리 같은 일반인이 일상에서 나누는 잡담에서는 그런 기교 없이 작은 공감대를 형성하기만 해도 충분히 웃음을 줄 수 있다.

"이렇게 추운 날에는 도무지 이불 속에서 나오고 싶지 않네요."

"맞아요. 저도 계속 침대에만 누워 있고 싶어요."

"그 덕분에 오늘 나오는 시간이 늦어져서 역까지 숨이 차도록 뛰었지 뭐예요."

이런 사소한 잡담으로도 두 사람의 얼굴에는 미소가 피어오른다. 뿐만 아니라 자신의 실패담이나 고생담도 유머를 보여주기에 좋은 소재다. 빈틈없는 완벽주의자보다는 실패담을 털어놓으며 있는 그대로의 모습을 드러내는 사람에게 더 마음이 가기 때문이다. 그런 사람과 있으면 분위기가 한층 밝아지고, 덩달아 듣는 사람도 더 깊은 속내까지 이야기하게 된다.

상사와 잡담을 나누는 장면을 상상해보자. 완벽해 보이는 상사 앞에서는 왠지 긴장하게 된다. 고작 잡담을 나누는 상황인데도 말실수를 할까 봐 두렵고, 어제 보고한 일에 실수는 없었는지 자꾸 걱정이 된다. 이때 상사가 자신이 실수했던 일화를 말해주면 긴장되었던 분위기가 풀리고 서로 간에 미소가 번진다. 상사도 자신과 다를 바 없는 사람이었다는 사실에 갑자기 친근감이 느껴지고, 스스럼없이 실패담에 대해 말해주는 상사에게 고마워지기까지 한다. 물론 과도하게 자학하듯이 이야기하면 비굴한 느낌을 줄 수 있으니 지나치면 안 되겠지만, 적당히 조절한다면 인간적인 매력을 드러내기 더없이 좋은 소재가 된다.

상대방을 칭찬하는 것도 화기애애한 웃음을 만드는 비결이다. "그렇게 대단한 것도 아니에요"라고 겸손해하는 사람도 내심 뿌듯해하며 쑥스러운 웃음을 지을 것이다. 그렇게 분위기가 가벼워지면 일도, 상대방과의 관계도 저절로 술술 풀린다. 칭찬받는 것을 싫어하는 사람은 없지 않은가? 분위기를 한결 더 편안하게 만들고 동시에 상대방에게 호감까지 얻을 수 있는 일석이조의 방법이다.

또 한 가지 잡담에서 웃음을 유발하는 요령으로 '긴장과 이완'을 사용하는 방법이 있다. 우선 진지한 어조로 이야기를 시작해 분위기를 팽팽하게 긴장시킨 후 시시한 이야기로 반전의 재미를 주는 것이다. 예를 들어 "상담하고 싶은 일이 좀 있는데요……"라고 심각한 표정으로 이야기를 꺼내면 상대는 보통 "왜 그러세요? 무슨 일 있으신가요?"라며 걱정스러운 반응을 보인다. 그때 "음……오늘 점심에 짜장면과 짬뽕 중 뭘 먹으면 좋을까요?"라는 식으로 하찮기 그지없는 질문을 던지면 예상치 못한 허무한 질문에 상대도 피식 웃음을 터뜨린다. '심각한 분위기 뒤에 이어지는 시시한 질문'이라는 반전이 미소를 유발한 것이다.

비즈니스 미팅을 할 때도 이런 반전의 웃음을 활용할 수 있다. 이전에 나는 오래전부터 가깝게 지낸 기자에게 "오늘 힘든 발걸음을 해주셔서 감사합니다"라고 짐짓 정중하게 인사한 적이 있다. 항상 허물없이 이야기하던 사이였기에 기자는 무척 당황해했다. 분위기도 묘하게 딱딱해졌다. 그 후에 곧바로 "자, 그럼 오늘은 무슨 이야기를 할까요~?"라고 단숨에 분위기를 가볍게 만들자 긴장했던 그도 웃음을 터뜨리며 안도의 한숨을 내쉬었다. 처음부터 다 함께 웃고 시작한 덕분에 인터뷰는 평소보다도 훨씬 화기애애한 분위기로 진행되었고 나 역시 더 깊은 이야기까지 털어놓을 수 있었다.

간혹 주위에 웃음이 끊이지 않는 사람들이 있다. 이런 사람들은 거래처 담당자와 비즈니스 미팅을 할 때도, 점심시간에 동료들과 담소를 나눌 때도, 하물며 여러 상사 앞에서 프레젠테이션을 할 때도 적재적소에 유머를 활용하며 웃음을 준다. 항상 웃기만 하는 것 같은 이 사람은 놀랍게도 일도 잘한다. '저 사람은 맨날 농담만 하면서 일은 언제 하지?'라는 의문이 절로 생긴다. 그러나 바로 그 농담에 그 사람이 일 잘하는 비결이 숨어 있다. 적당한 농담과 유머로 분위기를 띄운 후 본론으로 들어가는 것, 이것이 진짜 말 잘하는 사람들의 비법이다.

원 포인트 레슨
웃음은 잡담의 무기! 공감할 수 있는 이야기로
상대방을 웃게 만들어보자.

잡담은
홈런보다 타율이 중요하다

Ask Yourself

잡담을 할 때 코미디언의 유행어를 활용하는 편입니까?

그렇다 ☐

아니다 ☐

'반짝 스타'라는 말이 있다. 한때 폭발적인 인기를 끌었지만 이후에 급속히 인기가 떨어져 대중에게 잊힌 사람을 가리키는 말이다. 그런 사람은 어느 분야에나 있기 마련이지만, 코미디언 중에는 여러 명이 연달아 떠오를 만큼 유독 반짝 스타가 많다. 유행어 한마디로 크게 인기를 끄는 사람들이 많기 때문이다.

몇 년 전 "김 기사, 운전해~"라는 유행어로 한 방에 일약 스타로 떠오른 코미디언이 있었다. 과장될 만큼 우아한 말투를 구사하다가 엉뚱한 주문으로 뒤통수를 치는 사모님 캐릭터가

곤란한 상황이 닥치면 무조건 외치는 말이다. 이 유행어는 한참 동안이나 인기를 끌며 대중에게 사랑받았다. 이 밖에도 뜬금없는 한마디로 관중을 폭소하게 만드는 한 방 유행어 개그가 한참 동안 인기몰이를 했다. 이런 한 방 유행어 개그를 반복하는 코미디언들은 일단 한번 인기를 얻기 시작하면 나오지 않는 프로그램이 없을 정도로 여기저기서 섭외를 받는다.

그러나 자주 노출이 되는 만큼 대중은 유행어 개그에 쉽게 지루함을 느끼고, 또다시 새로운 유행어가 나타나 그 자리를 차지한다. 만약 새로운 유행어나 자신만의 개그를 만들어내지 못하면 그 코미디언은 결국 인기를 잃고 쓸쓸히 반짝 스타로 남게 된다. 그런가 하면 대중에게 오랜 시간 웃음을 주며 꾸준히 사랑받는 코미디언도 있다. 이렇게 반짝 빛났다 사라지는 스타와 오랫동안 활약하며 사랑받는 스타의 차이는 무엇일까? 반짝 스타는 왜 금세 사라져버리는 걸까?

① 패턴이 단 하나이기 때문이다

유행어를 이용한 개그는 패턴이 단 하나이기 때문에 노출될수록 신선미가 사라져 금세 사람들이 지겨움을 느끼게 된다.

물론 두 번째, 세 번째 유행어를 연달아 선보이는 코미디언도 있지만, 이전에 선보인 유행어만 못하다는 평가를 받으며 오히려 대중에게 실망감을 안겨주는 경우가 많다.

② 토크에 적합하지 않다

유행어를 이용한 개그에는 어쩔 수 없는 한계가 있다. 유행어가 콩트에서 탄생하기 때문이다. 사전에 짜놓은 대본대로 연기를 하다가 뜬금없는 말 한마디를 툭 던지고, 시청자들은 상황과는 전혀 관계없는 말에 폭소하며 유행어가 탄생한다. 이것이 대부분의 코미디언이 선보이는 유행어 개그 패턴이다. 즉, 미리 준비한 상황극이 없으면 유행어 개그 자체가 성립되지 않는다. 그런데 요즘은 정통 코미디 쇼보다도 가수나 배우, 인플루언서가 출연해 입담을 자랑하는 토크쇼가 훨씬 인기를 끈다. 이런 토크쇼에서 유행어 개그를 던질 만한 특정 상황이 주어지는 일은 드물다. 그렇다고 해서 도란도란 이야기가 진행되는 가운데 갑자기 유행어 개그를 던지면 분위기는 오히려 어색해질 것이다. 이처럼 토크에 적합하지 않기 때문에 유행어 개그는 반짝 빛났다가 사라질 수밖에 없다.

③ 웃음에 대한 기대치가 높아진다.

유행어 개그를 선보이는 코미디언은 자신이 주로 출연하는 코미디 프로그램 외의 다른 방송에 나가면 갑자기 "재미있는 거 보여주세요!", "그 유행어 보여주세요" 같은 요구를 받을 때가 많다. 큰 웃음이 기대되는 상황에서 개그를 성공석으로 선보여야 하는 것이다. 게다가 '재미있는 것', '인기 있었던 그것' 같은 말로 기대치가 올라가는 만큼 웃음을 유발하기는 더 힘들어진다. 예상했던 것만큼 재미있지 않을 때 사람들의 반응은 훨씬 더 냉담하다. 그때 웃음을 유발하지 못하면 '코미디언이지만 썰렁한 사람'이라는 이미지가 심어지고, 점점 더 개그에서 멀어지게 된다.

코미디언 중 반짝 스타가 많은 데는 대체로 이런 원인들이 있다. 그러나 반대로 말하자면, 이런 한계를 뛰어넘는다면 코미디언으로 오래 살아남을 수 있다는 뜻이기도 하다. 그리고 그 방법은 우리가 안정적인 잡담 기술을 익히는 데 힌트가 되어준다.

① 한 가지 패턴에서 벗어난다

한 여성 코미디언은 과거에 개그 프로그램에 나와 까까머리 분장을 한 채 선보이는 유행어 개그를 히트시키며 크게 인기를 끌었지만, 이에 그치지 않고 리얼 버라이어티 프로그램이나 토크쇼에 출연하며 입담을 발휘했고 라디오 DJ로도 명성을 얻었다. 타고난 말재주는 물론, 다른 출연자들을 돋보이게 해주는 사려 깊은 진행 능력까지 주목받으며 그녀는 반짝 스타에 그치지 않고 코미디언으로서 오랫동안 사랑받고 있다.

또한 윽박지르는 한 방 개그로 인기를 얻었던 한 남성 코미디언도 한 방 개그에서 더 나아가 독설 캐릭터를 살린 토크 실력으로 대중에게 사랑받으며 지금도 활발히 활동하고 있다.

잡담 역시 한 가지 패턴으로 끝나지 않고 다양한 모습을 보여주는 것이 중요하다. 똑같은 말만 반복하는 사람과 누가 더 대화하고 싶겠는가? 우리도 관심과 지식, 말할 수 있는 화제의 폭을 넓혀가며 질리지 않는 사람이 되려고 노력해야 한다.

② 평범하지만 능숙한 토크 실력을 키운다

성대모사를 하거나 우스꽝스러운 몸 개그를 선보이는 등 그 순간만 웃기려 하지 말고 잡담 실력 자체를 키워 무슨 말이든 재미있게 할 수 있도록 노력하자. 앞에서도 이야기했듯이, 잡담에서는 '폭소를 터뜨리는 것'보다 가벼운 미소를 유발하는 정도가 적절하다. 적당히 완급을 조절할 줄 아는 대화술과 재치 있는 한마디, 적절한 타이밍에 덧붙이는 맞장구만 있어노 충분히 재미있는 사람이 될 수 있다. 우리는 어디까지나 호감을 주기 위해 웃음을 터뜨리고 싶은 것이지, 프로 코미디언이 되려는 게 아니니 말이다.

③ 웃음의 기대치를 낮춘다

만에 하나 어떤 재미있는 에피소드가 생겨서 그걸 말할 기회가 생긴다 해도 우선 "그렇게 재미있는 건 아니에요"라고 기대치를 낮춰놓고 시작하자. 누구든 웃게 만들 만큼 자신이 있더라도 잠시만 그 자신감을 내려놓길 바란다. 기대가 높으면 그만큼 만족시키기도 힘들기 때문이다. 당신이 "이거 정말 재미있는 이야기인데요"라고 운을 떼면 사람들은 코미디언이나 전문 MC와 같은 말재주를 기대할 것이다. 기대한 만큼 재미있지 않으면 '뭐야, 잔뜩 바람 넣어놓고서는 그게 전부야?'라고 크게 실망할지도 모른다.

별것 아닌 이야기를 할 때도 "얼마 전에 엄청 재미있는 일이 있었는데요"라는 식으로 과장하는 버릇을 가진 사람이 있다. 자연스럽게 큰 기대를 품은 채 이야기를 듣게 되고, 이렇게 기대치가 올라간 상태에서 들은 이야기는 예상만큼 재미있지 않은 경우가 대부분이다. 기대가 크면 실망도 큰 법이다. 당신의 유머를 어필하고 싶다면 기대를 낮추는 편이 유리하다.

'잡담을 나누면 언제나 즐거운 사람'이 되기 위해서는 앞의 세 가지 사항을 꼭 기억하자. 특별히 말재주가 좋거나 엄청나게 기발한 에피소드를 갖고 있지 않아도 당신은 충분히 재미있는 사람이 될 수 있다.

원 포인트 레슨
잡담은 홈런보다 타율이 중요하다.
안정적인 잡담 실력을 쌓도록 노력하자.

잡담을 잘하는 비법은
덧셈이다

Ask Yourself

당신의 일상을 축구와 연관 지어 이야기로 엮어낼 수 있습니까?

바로 할 수 있다 ☐

조금 생각하면 할 수 있을 것 같다 ☐

어렵다 ☐

어떤 소재든, 상대가 누구든 이야기를 재미있고 맛깔나게 하는 사람들이 있다. 혹시 당신의 주변에도 그런 사람이 있다면 그가 어떤 방식으로 이야기를 펼치는지 한번 주의 깊게 들어보자. 내가 관찰해본 결과 맛깔난 말솜씨로 듣는 이를 재미있게 하는 사람들은 두 가지 일이나 사물의 공통점을 찾아 엮어내는 능력이 무척이나 탁월했다.

나는 언뜻 보기에 전혀 관계없어 보이는 것들이라도 어딘가 비슷한 부분을 찾아내 알기 쉽게 전달하는 것이 바로 '이야기를 잘하는 기술'이라고 생각한다. 쉽게 말하면 '구체적인 예시를 드는 능력'과 '탁월한 비유 능력'이라고 할 수 있다.

예전에 나와 함께 근무했던 한 강사는 학생들에게 강의 평가가 좋은 건 물론이고, 동료 강사들조차 그의 말재주에 감탄하곤 했다. 그는 무엇에 대해 말하든 아주 적절한 대상을 찾아내 탁월하게 비유하는 능력이 있었다.

일례로 그가 당시에 나와 함께 일하던 학원을 "우리 학원은 선수촌이 아니라 동네 헬스클럽이다"라고 비유해 말한 적이 있다. 선수촌에서는 올림픽과 같은 국제 경기에 출전하는 일류 선수들을 육성한다. 즉, 일류 대학에 보내기 위해 소수 정예의 학생들만 뽑아 관리하는 엘리트 학원을 '선수촌'에 빗댄 것이다. 반면 '동네 헬스클럽'은 건강 관리나 다이어트 등 소소하고 개인적인 목표를 위해 다니는 곳으로, 원한다면 누구나 등록해 운동할 수 있다. 이는 곧 어떤 학교를 지망하든 누구나 다닐 수 있는 전국 각지의 동네 학원을 빗댄 말이다.

즉, 그의 말의 요지는 우리 학원은 폭넓은 학생들을 가르치는 곳이므로 학생들을 각자의 목표에 맞게 성장시키고 교육해야 한다는 것이었다. 나를 비롯해 모든 강사들이 그의 탁월한 비유에 감탄했고, 그때부터 나는 학원에서 갖가지 문제가 발생할 때마다 이 비유를 떠올리며 교육 지침으로 삼곤 했다.

예를 들어 자꾸만 말없이 학원을 빠지는 문제 학생이 있다고 해보자. 만약 선수촌 같은 엘리트 학원이라면 "그렇게 해서 일류 대학에 갈 수 있겠니? 안이한 생각으로 다닐 거라면 차라리 입시 자체를 그만둬!"라는 매서운 말로 학생의 오기를 자극하는 편이 더 효과적일 수 있다. 하지만 평범한 학생에게 이렇게 말한다면 오히려 큰 상처를 받고 진짜 입시를 포기할지도 모른다. 이때 동네 헬스클럽 같은 학원이라면 "최근에 무슨 고민이라도 있니?"와 같은 말로 먼저 학생의 마음부터 살뜰히 살피고, "우선 수학 시간만이라도 수업에 빠지지 않도록 해볼까? 수학은 한 번 빠지면 진도를 따라잡기가 힘드니까 말이야"라며 부드럽게 달래주는 편이 나을 것이다.

아무리 어려운 이야기라도 비유를 들어 설명하면 보다 쉽게 이해시킬 수 있다. 탁월한 비유는 단순히 이해시키는 데서 그치지 않고 듣는 사람을 내 이야기에 감화하게 만들기도 한다. 그렇게 마음속 깊이 받아들이게 만듦으로써 어떤 행동을 촉발시킬 수도 있다. 내가 "우리 학원은 동네 헬스클럽"이라는 말에 매료돼 상담 태도를 바꾼 것처럼 말이다.

구체적인 예시와 비유를 알맞게 사용하는 능력은 훈련으로도 충분히 키울 수 있다. 무언가를 볼 때 그것을 자신의 일상이나 전문 분야, 취미 등과 연결 짓는 연습을 하면 좋다. 이번 장의 첫 부분에서 "당신의 일상을 축구와 연관 지어 이야기로 엮어낼 수 있습니까?"라는 질문을 던졌다. 예시로 내 직업을 축구의 특성에 빗대어 말해보겠다.

① 포지션은 정해져 있지만 움직임은 임기응변

→ 학원 강사도 분명 역할이 정해져 있지만, 강의를 할 때는 머릿속으로 예측한 일만 일어나지 않는다. 갑작스레 어떤 일이 발생하면 임기응변으로 대처해야 한다.

② 전반 45분, 후반 45분으로 시간 제약이 있는 경기

→ 학원 강사 역시 필드라 할 수 있는 칠판 앞에 서면 정해진 수업 기간이라는 제약을 유념한 채 수업을 진행해야 한다. 그 시간 안에 가장 효율적으로 강의할 수 있는 자기 나름대로의 교수 방법도 연구해야 한다.

이런 식으로 어떤 화제와 자신의 일을 연결해보는 것이다. 전혀 관계없어 보이는 일과 사물도 곰곰이 관찰하다 보면 공통점을 찾을 수 있다. 평소에 이런 연습을 하면 구체적인 예시를 쉽게 떠올릴 수 있다. 무언가를 보면 항상 '내 직업과 ○○라는 점에서 비슷하다'는 생각을 하면서 끊임없이 연습해보자.

만약 그런 생각에 익숙해졌다면 당신의 눈앞에 어떤 화제가 놓였을 때 재빨리 비슷한 소재를 떠올려 슬쩍 이야기해보자. 예를 들어 오후에 진행될 회의의 안건과 공통점이 있는 소재를 찾아 점심시간에 잡담거리로 던져보는 것이다. 이럴 때 유용한 소재는 다음의 두 가지다.

① 트렌드 (최근 뉴스, 최근 몇 개월 사이에 유행하는 것 등)
② 개인적 체험 (자신의 이야기, 친구나 지인이 체험한 구체적인 일화)

이런 소재들은 가볍게 이야기할 수 있는 것들이기 때문에 잡담할 때 꺼내기 좋다. 예를 들어 '자사의 아르바이트생 채용과 교육'이라는 주제의 회의를 앞두고 있다면 자신의 개인적인 경험을 소재로 삼아 이런 이야기를 꺼낼 수 있을 것이다.

"어제 집 근처 햄버거 가게에 갔는데요. 키오스크를 이용해 무인 주문을 하는 방식이었어요. 요즘에는 가끔 외국인 손님이 오기도 하잖아요. 그럴 때면 점원들은 영어가 서툴러 곤란을 겪는 경우가 많은데, 무인 주문 시스템을 사용하니까 그런 문제가 발생하지 않더라고요. 직원이 영어를 알아듣지 못해도, 손님이 우리말을 하지 못해도 키오스크에 있는 사진을 보고 어떻게든 주문을 할 수 있으니 말이에요. 요즘처럼 외국인 손님이 많아지는 글로벌 시대에는 이렇게 어느 정도 기계의 도움을 받는 것도 좋을 것 같아요."

내 지인은 '대체 가능한 영역에서는 굳이 아르바이트생을 채용하는 대신 기계를 사용하자'는 의견을 펼치기 위해 이런 개인적인 경험을 슬쩍 말해두었다고 한다. 본격적인 회의에 들어가기에 앞서 의견을 뒷받침하는 말을 해둔 것이다. 회의가 시작되자 "아까 들은 햄버거 가게 이야기처럼, 우리 회사에도 외국인 고객이 많으니까 어느 정도는 기계화를 하는 게 더 효율적일지도 몰라"와 같은 말로 그를 거드는 사람들이 있었다고 한다. 구체적인 예시와 비유의 힘을 새삼 깨닫게 되는 일화였다.

이처럼 대화 주제와 관련이 있는 트렌드나 개인적 경험을 잡담에 잘 녹여내면 '현명하다' 또는 '통찰력 있다' 같은 좋은 평가를 받을 수 있다. 이야기가 풍부해지므로 듣는 사람의 호기심을 자극할 수 있다는 것도 큰 장점이다.

원 포인트 레슨
예시와 비유는 이야기의 꽃!
어떤 일과 사물의 공통점을 찾는 훈련을 해보자.

잡담을 풍성하게 만드는
반전의 기술

누구나 한 번쯤 '기승전결起承轉結'이라는 말을 들어봤을 것이다. 기승전결이란 동양의 전통적인 시작법詩作法으로, 특히 한시漢詩의 구성법을 지칭하는 용어이지만 지금은 소설이나 네 컷 만화 등에서도 널리 사용되고 있다. 중학교나 고등학교 국어 시간에도 자주 나오는 개념이다.

기: 이야기의 발단

승: 앞의 흐름을 받아 이야기가 전개

전: 예상외의 갑작스러운 전개가 발생

결: 결말 및 마무리

이런 흐름을 기승전결이라고 부른다. 추리소설로 예를 들면 다음과 같다.

기: 사건 발생

승: 주인공의 수사 진행 및 범인 추리

전: 주인공의 추리 실패 및 다른 진범의 등장

결: 범인을 체포

대체로 '승'까지는 이야기가 예상했던 대로 진행된다. 하지만 '전'에서 갑자기 예상을 뒤엎는 사건이 일어나고, 청자들은 앞으로 어떤 전개가 펼쳐질지 전혀 추측하지 못하게 된다. 그러니 '전'에 다다르면 독자들은 앞으로의 전개가 궁금해 가슴이 부푼다. 기승전결은 이처럼 이야기에 적당한 긴장감을 부여해 듣는 사람이 지루해하지 않도록 만드는 기술이다.

잡담을 할 때도 이 기승전결식 구성을 사용하면 듣는 사람을 매료시킬 수 있다. 대화에 긴장감을 더함으로써 호기심을 자극하고 흥미를 유발할 수 있기 때문이다. 이야기를 할 때 평범하게 말하는 경우와 기승전결식 구성을 적용하는 경우를 비교해보자. 보통은 다음과 같이 말할 것이다.

"○○이라는 제품을 샀는데 정말 좋았어요. 다른 사람에게도 꼭 추천하고 싶어요."

물론 이렇게 말하면 명료하고 이해하기도 쉽다. 하지만 '정말 좋았다'라는 말 앞에 '그리 대단한 건 아니라고 생각했다'라는 단계를 하나 끼워 넣어 기승전결의 구성으로 이야기하면 상대방의 호기심과 흥미를 불러일으킬 수 있다.

"○○이라는 제품을 샀는데, 먼저 산 친구가 말하길 그다지 성능이 좋지 않다는 거예요. 그렇다고 환불하거나 교환하기는 번거로워서 그냥 내버려뒀어요. 그런데 어제 써보니 생각보다 훨씬 성능이 좋더라고요! 이 제품을 당신에게도 추천하고 싶어요."

이렇게 기승전결의 구조로 이야기하면 '승'과 '전' 사이에서 오는 간극이 재미를 만들어내 이야기의 단조로움을 없애고 듣는 사람을 집중시킬 수 있다. 당신의 잡담거리도 이런 패턴으로 정리해보자.

기: 개요 및 상황 설명
승: 다음에 나올 내용과는 반대의 내용
전: 전달하고 싶은 중심 내용과 결과
결: 중심 내용을 한마디로 정리

아직 잘 모르겠다면 다음 예시를 보면서 다시 생각해보자. 이번에는 '인도에 다녀왔는데 생각했던 것보다 훨씬 발전한 나라였다'라는 단순한 이야기에 기승전결을 부여해볼 것이다.

기: 인도에 갔다.
승: 물을 잘못 마셔서 배탈이 났다는 등 이전에 들었던 이야기들 때문에 나는 인도가 아직 발전하지 못한 개발도상국이라고 생각했다.

전: 벵갈루루Bengaluru에 갔더니 도시는 깨끗했고, 대부분의 가게에서 카드 결제가 될 만큼 기계에 익숙한 모습이었다.

결: 인도는 빠르게 발전하고 있다는 걸 알았다.

이를 순서에 맞춰 생동감 있게 구성하면 다음과 같이 말할 수 있다.

"연말 휴가 때 인도에 다녀왔는데요. 주변에서 인도에 갔을 때 물을 잘못 마셨더니 배탈이 났다는 이야기를 많이 들어서 사실 저는 인도가 아직 발전하지 않은 개발도상국이라고 생각했어요. 그런데 벵갈루루라는 도시에 갔더니, 도시가 깨끗한 건 물론이고 작은 구멍가게에서도 카드 결제가 될 만큼 기계가 상용화되어 있더라고요. 인도는 우리 생각보다 훨씬 빠르게 발전하고 있는 것 같아요."

한 단계 더 나아가 여기서 몇 개의 문장만 더하는 것만으로도 상대와의 관계를 돈독하게 만드는 잡담으로 발전시킬 수 있다. 바로 상대방이 말할 수 있도록 유도하는 '양방향 대화'로 바꾸는 것이다. 그러면 대화는 한층 더 풍성해지고, 상대방도 대화에 좀 더 능동적으로 참여하게 된다. 각자의 경험과 이야기를 공유하니 관계도 한층 더 깊어질 것이다. 다음과 같이 상대방이 말할 자리를 만들어두면 된다.

"연말 휴가 때 인도에 다녀왔는데요. 혹시 인도에 가본 적 있으세요? (상대방의 대답) 주변에서 인도에 갔을 때 물을 잘못 마셨더니 배탈이 났다는 이야기를 많이 들어서 사실 저는 인도가 아직 발전하지 않은 개발도상국이라고 생각했어요. 저랑 비슷한 이야기 들어보신 적 있으세요? (상대방의 대답) 그런데 벵갈루루라는 도시에 갔더니, 도시가 깨끗한 건 물론이고 작은 구멍가게에서도 카드 결제가 될 만큼 기계가 상용화되어 있더라고요. 역시 직접 가보지 않으면 실제로는 어떤지 알 수 없다는 생각이 들었어요. ○○씨도 직접 가보고 인상이 바뀐 곳이 있나요?"

이렇듯 질문을 통해 자연스럽게 상대방이 말할 기회를 만들어두면 당신은 거기에 또 다른 질문을 덧붙일 수 있고, 잡담은 점점 더 풍부해질 것이다.

기승전결은 극적이고 재미있는 이야기 방식이긴 하지만 이 구성대로 말하면 에피소드 하나를 말하는 데도 꽤 오랜 시간이 걸린다는 단점이 있다. 따라서 처음 도입 부분인 '기'에서 관심을 끌지 못하면 상대방은 금세 흥미를 잃어버릴지도 모른다. 그렇다면 충분한 관심을 끌기 위해 '기'에서 어떤 이야기를 하면 좋을까?

· 질문으로 시작해 상대의 주의를 끈다.
· 의외의 사실이나 깜짝 놀랄 법한 이야기를 먼저 말한다.
· 최근 화제가 되고 있는 소재나 상대방과 관련이 있는 소재로 잡담을 시작한다.
· 흔하지 않은 화제, 재미있는 화제로 흥미를 끈다.

"얼마 전에 태어나서 처음 겪은 일인데요", "지난 주에 동창회에 갔는데 생각지도 못한 소식을 들었어요"와 같은 말로 호기심을 돋우며 시작하는 것도 효과적이다. 이렇게 이야기를 어떻게 구성할지 한 번 더 생각하고 좀 더 전략적으로 잡담을 하면 상대방이 관심을 보일 가능성이 높아진다.

만약 기승전결이라는 네 가지 요소로 구성하는 것이 너무 어렵거나 대화의 호흡이 빨라 기승전결을 모두 갖추기 힘든 상황이라면 '도중에 한 번 반전을 준다'는 포인트만이라도 기억하자. 간단한 반전만 있어도 이야기를 훨씬 생동감 있게 만들 수 있다. 예를 들어 '예전에는~', '보통은~'과 같이 보편적인 이야기나 통념에 대해 먼저 언급한 후에 '그런데 ○○의 경우에는~', '사실은~'이라는 말을 덧붙이며 반대의 내용을 이어가는 것만으로도 상대방의 주목도는 훨씬 높아진다.

원 포인트 레슨
잡담에서도 기승전결을 응용해
승과 전의 반전으로 이야기에 긴장감을 준다.

열정이 담긴 잡담은
상대를 사로잡는다

잡담의 목적은 어디까지나 편안하고 부드러운 분위기를 만드는 것이다. 앞에서도 '따발총 토크'로 대화에서 혼자 떠들어대다가는 상대방이 이야기에 흥미를 잃을 수 있으니, 잡담할 때도 균형을 유지해야 한다는 조언을 했다. 그런데 한 가지 재미있는 사실은 '광기 어린' 지경까지 보일 만큼 열정적으로 무언가에 대해 이야기하면 오히려 이미지에 플러스가 될 수 있다는 것이다.

열정적인 잡담은 상대방에게 강렬한 인상을 남긴다. 어쩌면 상대방이 당신의 모습에 감명을 받아 당신 자체 혹은 이야기의 소재에 큰 관심을 보일 가능성도 있다. 그러니 가끔은 좋아하는 대상에 대해 눈을 빛내면서 '광기 어린' 잡담을 해보자.

좋은 의미에서 광기를 느낄 수 있는 한 예시로 일본의 방송 프로그램인 「다 함께 근육 체조みんなで筋肉体操」를 늘 수 있다. 근육 트레이닝 방법을 알려준다는 점에서는 다른 여타의 운동 프로그램과 별로 다를 바가 없지만, 출연자들을 살펴보면 흥미로운 점이 눈에 띈다. 먼저 근육 트레이닝 방법을 설명해주는 강사 '다니모토 미치야谷本道哉'라는 인물이다. 그는 몸만 봐도 얼마나 근육 트레이닝에 빠져 있는지 짐작할 수 있을 만큼, 터질 듯한 근육에 조각상 같은 역삼각형 몸매를 자랑한다. 하지만 놀랍게도 그의 직업은 스포츠 선수나 코치가 아니라 한 대학교의 생물공학부 교수다.

그뿐만 아니라 그의 설명에 따라 시범을 보이는 네 명의 출연자들도 하나같이 눈길을 끄는 이력을 갖고 있다. 모두 보디빌더 대회에 나가도 손색이 없을 만큼 근사한 근육을 갖고 있지만, 직업은 각각 색소폰 연주자, 정원사, 변호사, 치과 의사다. 운동과 하등 상관이 없는 직업을 가졌는데도 방송 프로그

램에 출연할 만큼 근육 트레이닝을 좋아하는 것이다. 강사는
방송 내내 "근육은 배반하지 않는다!", "좀 더 하고 싶지요? 아
쉽지만 5초밖에 남지 않았습니다!"와 같이 광기 어린 구호를
반복해서 외친다. 보통 운동 프로그램에서는 한 동작을 알려
준 후, 1분 남짓한 시간 동안 그 동작을 따라 하라고 유도한다.
그리고 일반적으로는 그 1분 동안 '1초, 2초, 3초……'하는 식
으로 시간만 셀 뿐이다. 하지만 다니모토 미치야는 그 시간 동
안에도 광기 가득한 구호로 시청자를 격려하고, 다른 출연자
들도 역시 열성적인 모습으로 근육 트레이닝을 따라 한다.

이런 광기 어린 모습이 SNS에서 화제가 되면서,「다 함께 근
육 체조」는 심야에 방송되는 프로그램인데도 이례적으로 높
은 시청률을 기록했다. 정말 '미친 듯이' 근육 트레이닝에 빠져
있는 모습이 웃음과 관심을 유발한 것이다.

이는 잡담할 때도 효과를 발휘할 수 있다. 대화 중 자신만이
좋아하는 대상을 폭주하듯이 말하는 것은 일반적인 대화의 매
너에는 어긋나는 일이지만, 광기가 느껴지는 정도에 이르면
상대의 호기심을 불러일으킨다. '어떻게 이렇게까지 열광할
수 있는 걸까?', '얼마나 대단하길래 이 사람을 이렇게 만들었

을까?'와 같은 의문이 생기기 때문이다.

다만 열정적인 잡담을 할 때도 요령이 필요하다. 종이 한 장 차이로 분위기가 완전히 어색해질 수 있으니, 이제부터 소개할 '광기 어린 잡담을 할 때의 주의점'을 기억해두길 바란다.

첫째, 듣는 사람이 반응할 틈이나 질문할 틈을 적당히 주어야 한다. 아무리 애정이 흘러넘치는 이야기라고 해도 끝도 없이 말하며 몰아칠 경우 듣는 사람은 질려버릴 수 있다. 당신의 속도와 에너지를 따라가지 못해 흥미를 잃을지도 모른다. 그러니 상대의 반응을 살피고 잠시 쉴 틈도 주는 식으로 조절하도록 하자.

둘째, 직접 화제를 꺼내기보다는 말할 기회가 생기기를 기다린다. 사실 좋아하는 분야에 대해 먼저 말을 꺼내 폭주하듯 말하기는 조금 쑥스럽기도 하고, 혼자 잘난 척하는 것처럼 느껴질까 봐 꺼려지기도 한다. 그러니 잡담 자리에 잘 아는 사람이 있다면 이야기할 기회를 만들어달라고 미리 부탁해두자.

예를 들어 당신이 "저는 뮤지컬이나 연극을 보러 가는 게 취미예요"라고 말한다면 "맞아요, 이 친구 한 달에 대여섯 번은 보러 갈 정도로 공연을 좋아해요. 대체 어떤 점 때문에 그렇게

좋아하는 거예요?"라는 식으로 분위기를 이끌어달라고 귀띔
해둘 수 있다.

잡담 자리에 아는 사람이 없거나 단둘이 대화하는 상황이
라면 상대방이 먼저 질문하도록 유도해도 좋다. "공연을 꽤 많
이 보러 다니는 편이에요"라고 두루뭉술하게 말하면 상대방
이 "얼마나 자주 가세요?", "어떤 공연을 좋아하시는데요?"라
고 구체적인 질문을 해올 수 있다. 혹은 "사실 저는 흔하지 않
은 취미가 있거든요"와 같이 모호하게 말하면 상대방도 궁금
증이 생겨 "어떤 취미인데요?"라며 구체적인 설명을 듣고 싶
어 할 것이다. 이렇게 질문을 이끌어내면 대답이 길어도 혼자
떠들어대는 것처럼 느껴지지 않는다.

때로는 이야기할 때의 열정이 듣는 사람의 마음을 움직이게
만들기도 한다. 나는 가끔 연예인의 열성 팬들을 게스트로 모
아놓고 자신이 좋아하는 연예인에 대해 이야기하는 토크쇼를
시청한다. 그 연예인을 좋아하게 된 계기, 그를 좋아해서 지금
껏 해온 일들과 모아온 물건들을 보여주며 들뜬 얼굴로 자신
의 애정을 설명하는 모습을 보고 있자면 일종의 존경심까지
느껴진다.

아무런 관심이 없거나 전혀 몰랐던 화제라도 이야기를 듣다 보면 갑자기 궁금증이 생기고 호감이 가는 경우도 많다. 예전에 나는 전공이나 직업과는 전혀 상관이 없는데 그저 역사가 재미있다는 이유만으로 10년이 넘게 역사 공부를 하고, 역사학 교수만큼이나 많은 지식에 통달하게 돼 역사에 관련 책까지 저술한 '역사 오타쿠'를 만난 적이 있다. 그가 열정적으로 자신의 역사 사랑을 설명하는 모습에, 나도 덩달아 관심이 생겨 유명한 유적지에 가보거나 관련된 책을 찾아 읽으면서 역사에 빠진 적이 있다. 왜 이런 현상이 생기는 것일까?

나는 열정과 애정에는 '마음을 움직이는 힘'이 있다고 생각한다. 객관적 정보는 휴대폰으로도 1초면 찾아볼 수 있는 지금 같은 시대에 단순한 정보 나열은 아무런 매력이 없다. 사전적 설명이나 수치는 그저 이해하는 것에 도움이 될 뿐, 그런 정보를 보고 나서 호기심이나 관심이 생길 가능성은 극히 낮다. 학생이었을 때를 생각해보라. 교과서를 읽는다고 해서 그 내용에 감화되어 푹 빠지게 되던가? 아마 그렇지는 않았을 것이다. 그 내용을 습득하는 건 어렵지 않지만 오직 책만 보고 무언가를 좋아하게 되기는 힘들다.

하지만 수업을 듣게 되면 이야기가 조금 달라진다. 책 속 내용에 대해 열정적으로 설명하는 강사의 수업을 듣다 보면 '어, 예상보다 재미있는데?'라는 생각이 절로 든다. 수업이 끝나면 추가 정보를 찾아 더 공부해봐야겠다는 의욕도 생긴다. 실제로 내 대화법 강연을 들은 후 그에 감화되어 저서를 구입했다는 사람도 많았다. 이야기를 직접 듣고 그 사람의 열정을 느낌으로써 마음이 움직이는 것이다. 그것이 바로 광기에 가까울 정도의 열정이 갖고 있는 힘이다.

물론 1장에서 이야기했듯이 대화에서는 기본적으로 균형 감각이 중요하다. 만약 당신이 누군가와 잡담을 나눌 때마다 절로 긴장이 되고 식은땀이 날 만큼 '잡담 초보'라면 이 방법을 적극적으로 추천하지는 않는다. 적절한 선을 지키지 못해 실수할 확률이 높으니 말이다.

하지만 지금까지 알려준 잡담의 기술들을 하나하나 습득해 당신의 것으로 만들었다면 이제 어느 정도 잡담에 자신감이 생겼을 것이다. 그렇다면 앞에서 알려준 두 가지 주의사항을 기억하고 용기를 내서 맘껏 열정적으로 이야기해보자. 때로는 체계적이고 조직적으로 설명하기보다 당신이 재미있었던 부분, 느낀 점을 중심으로 애정을 가득 담아 말해보자. 광기에 가까울 만큼 뜨거운 열정이 누군가의 관심을 끌어 생각지도 못한 행동을 이끌어낼지도 모른다.

원 포인트 레슨
열정이 담긴 이야기는
듣는 사람의 마음을 움직인다.

주어가
말투를 만든다

Ask Yourself

당신이 이야기하는 방식은 어느 쪽에 가깝습니까?

넌 왜 이렇게 늦게 왔니?　☐

나는 네가 너무 늦어서 걱정했어.　☐

　나를 비롯한 대화법 전문가들이 강의를 할 때마다 강조하는 개념이 있다. 바로 '아이 메시지I message(나 전달법)'다. 대화법의 기초라고도 할 수 있는 개념이기에 이미 널리 알려져 있지만, 그럼에도 실천하는 사람은 찾기 힘들다.

　아이 메시지란 '나'를 주어로 전달하는 방법이다. 아이 메시지로 말하려면 우선 이야기의 중심에 자기 자신을 놓아야 한다. '나'를 주어로 자신이 어떤 생각을 하고 있는지, 어떤 느낌을 받았는지 전달한다.

이와 반대되는 개념이 '유 메시지You message(너 전달법)'다. 이 화법을 쓰면 이야기의 중심에는 상대가 놓인다. 이 화법은 공격적으로 비춰지기 쉽다는 단점 때문에 많은 대화법 전문가가 유 메시지를 지양해야 한다고 말한다. 똑같은 메시지를 전달하더라도 주어를 누구로 놓는지에 따라 듣는 사람은 전혀 나른 인상을 받는다. 다음 예를 보자.

아이 메시지: 저는 당신의 말투에 상처받을 때가 많아요.
유 메시지: 당신은 언제나 심한 말만 하는군요.

아이 메시지: 당신이 청소를 해준다면 내게 정말 큰 도움이 될 것 같아요.
유 메시지: 당신은 청소를 해야 돼요.

아이 메시지: 너무 늦게 오길래 혹시나 무슨 일이 생긴 건 아닌지 걱정했어요.
유 메시지: 왜 이렇게 늦게 온 건가요?

차이가 느껴지는가? 똑같은 내용을 담고 있는데도 '유 메시지' 쪽이 훨씬 더 공격적으로 들린다. 어떻게 보면 시비를 거는 것처럼 느껴지기도 한다. 상대방을 주어로 삼아 말하면 강요나 명령 혹은 지시처럼 들리고, 거만하다는 인상까지 준다. 상대방에 대한 비판, 비난, 평가같은 뉘앙스를 주기 때문이다. 심지어 좋은 내용을 담고 있는데 마뜩잖게 들리기도 한다. 평가받는 걸 좋아하는 사람은 어디에도 없다. 유 메시지를 쓰면 듣는 사람은 자연스럽게 불쾌함을 느끼고, 당연한 이야기를 들어도 괜히 반발심이 생긴다.

언제나 날카롭게 말하는 친구에게 서운한 감정을 전달하는 상황이라고 가정해보자. 이를 "너는 말을 너무 매섭게 해"라고 표현하면, 아마 친구는 자신의 언행을 되돌아보기보다는 발끈해서 "그러는 너는 항상 좋게만 말하는 줄 알아?"라고 받아치고 싶어질 것이다. 이는 공격을 방어해야 하는, 어쩔 수 없는 사람의 기질이다. 반면 "나는 날카로운 네 말투 때문에 상처받을 때가 많아"라는 말로 자신이 느낀 상처를 전하면 친구는 깜짝 놀라 당신의 마음부터 헤아릴 것이다.

그러니 상대방을 지적할 때 혹은 상대방에게 무언가를 요구하고 싶을 때에는 아이 메시지를 이용해 말해보길 바란다. '나'를 중심에 놓고 이야기하는 편이 상대의 마음을 돌리기에 유리하다.

잡담을 할 때는 특히 더 유 메시지에 주의해야 한다. 잡담 자리에서 어떤 영화를 추천했을 때, 그걸 들은 상대가 "술거리와 인물에 대해 명확하게 소개한 후 감상을 말해준 점이 훌륭하네요"라고 말한다면 어떨 것 같은가? 내 화술을 칭찬해주는 말인데도 어딘지 모르게 거슬린다. 상대방에게 평가를 받는 기분이 들기 때문이다. 물론 객관적이고 냉정한 평가가 필요할 때도 있지만, 가볍게 잡담을 나누는 자리에서조차 하나하나 평가받고 싶어 하는 사람은 아마 없을 것이다.

나는 이 책에서 잡담의 기술을 소개하면서 가장 먼저 '잡담할 때 상하 관계를 만들어선 안 된다'는 조언을 했다. 되도록 아이 메시지를 사용하길 권하는 것도 그 이유에서다. 유 메시지를 사용하면 비판이나 평가처럼 들리기 쉽고, 대화하는 당사자 간에 묘한 상하 관계가 생겨난다. 반드시 냉철한 자세로 이야기해야 하는 경우도 있지만, 부디 잡담할 때만큼은 비판과 평가를 자제해주길 바란다.

잡담할 때는 아이 메시지를 사용해 당신이 주가 되는 이야기를 전달하자. 리액션을 할 때도 당신의 주관적인 감상을 말하자. "특히 ○○라는 점이 감동적이네요", "어쩜 그렇게 설명을 잘하세요? 정말 재미있을 것 같아요", "당신의 이야기를 들으니 지금 당장 영화관에 가고 싶어요"와 같이 '나'를 주어로 삼으면 된다.

잡담에서는 어느 누구도 기분이 상하지 않은 채 즐겁게 이야기를 나누는 것이 가장 중요하다. 이 점을 항상 염두에 두고 갑자기 평론가로 둔갑하지 않도록 주의하자.

원 포인트 레슨
주어는 항상 '당신'이 아니라
'내'가 되어야 한다.

센스 있는 잡담의 기술 ⑦

"지금 하신 말씀
메모해둬도 될까요?"

  '교언영색, 선의인巧言令色, 鮮矣仁'이라는 말을 혹시 들어보았는가?『논어』에 나오는 공자의 말이다. 공자는 무려 약 2500년 전에 활약했던 사상가지만, 그의 말은 보편적인 가르침을 담고 있어 지금까지도 많은 사람들이 교훈으로 삼는다. 이 말 역시 현대에도 그대로 적용할 수 있는 명문이다.

  '교언'은 교묘한 말이라는 뜻이고 '영색'은 표정을 그럴듯하게 꾸민다는 뜻이다. 이렇게 겉만 번지르르한 말과 표정으로 상대방에게 아첨하는 사람에게는 '사랑과 배려의 정신'이 결여돼 있다는 의미다. 이 말은 현대에도 그대로 적용할 수 있다.

  상대를 과하게 치켜세우거나 지나칠 정도로 생글거리면서

싹싹하게 구는 사람은 대체로 사심이 있는 이들이다. 사기꾼이거나 물건을 팔기 위해 아첨하는 경우가 대부분이다. '속여야지', '물건을 팔아야지'라는 사심 가득한 목적이 있기 때문에 교언영색의 태도를 보이는 것이다. 사회인이 되면 이 정도 속셈은 누구나 알아차릴 수 있다. 그래서 지나치게 사근사근하고 붙임성 있게 구는 사람에 대해서는 누구나 우선 경계심을 갖고 바라본다.

여기서 난처한 문제가 발생한다. 잡담의 기술을 배우면서, 좀 더 편안한 분위기를 만들기 위해 당신은 아마 열심히 고개를 끄덕이고 맞장구를 쳤을 것이다. 그러면서 상대방의 반응도 한결 부드러워지기를 기대했을 것이다. 그러나 당신이 갑자기 싹싹하게 구는 모습에 상대방은 혹시나 어떤 검은 속내가 있는 건 아닐까 싶어 오히려 경계심을 갖게 될 수도 있다. 당연히 분위기가 딱딱해지고 대화도 줄어든다. 분위기를 더 좋게 만들기 위해 한 노력이 역효과를 불러오는 것이다. 이런 역효과를 막으려면 어떻게 해야 할까?

가장 필요한 건 당신이 고개를 끄덕이는 이유는 정말로 감동하거나 이해했기 때문이며 웃음을 터뜨리는 이유는 정말 재미있기 때문이라는 '진실성'을 전달하는 것이다.

그런 진실성을 나타내기 좋은 말이 "지금 하신 말씀 메모해 둬도 될까요?"다. 상대의 말을 귀 기울여 듣고 있다는 사실을 실제 행동으로 보여주면 상대도 그 진심을 알아준다. 그러니 마음에서 우러나오는 진심을 전달하고 싶다면 수첩이나 필기 구를 지참해 항상 메모할 수 있는 자세를 갖추자. 그리고 상대 가 값진 한마디를 했을 때 "메모해도 될까요?"라는 말을 던져 보자. 한껏 신경을 곤두세우고 있던 사람도 경계심을 누그러 뜨릴 것이다.

그리고 무엇보다도 이른바 '영혼 없는 리액션'이 습관처럼 나오지 않도록 주의하자. 상대방의 말을 듣는 둥 마는 둥 한다 면 아무리 "메모해도 될까요?"라는 말을 건네도 상투적인 인 사치레로만 들릴 테니 말이다.

센스 있는 잡담의 기술 ⑧

....

"특히 ○○가
인상적이었어요."

어떤 강연이나 프레젠테이션, 신상품 발표회를 듣고 나면 '감상'을 말해야 할 때가 있다. 이때 어느 부분도 좋다고 느끼지 못했거나 아예 이해하지 못했을 경우, 대체 무슨 말을 해야 할지 몰라 머뭇거리게 된다. 그럴 때는 '인상에 남은 점을 가능한 한 구체적으로 전달하는 것'이 최선이다.

보통은 감상을 말할 때 어느 부분이 어떠했는지 주어와 서술어의 조합으로 표현한다. 예를 들어 신상품 발표회라면 "디자인이 고상하네요"와 같이 말할 수 있다. 이때 어떤 말을 붙여야 할지 망설여진다면 '좋다' 혹은 '인상적이다'라는 서술어를 사용하라는 것이다. 단순히 "디자인이 인상적이에요"라고 말해도 상대는 만족하고 넘어간다. 어떤 감상을 말해야 할지 모르겠다고 해서 대답을 망설이면 그는 당신이 자신의 이야기를 제대로 듣지 않았다고 생각할 것이다.

'인상적이다'와 같이 상투적인 서술어를 붙이더라도 일단 감상을 말하기만 하면 상대는 어느 정도 만족한다. 여기에 더해 어떤 부분이 인상 깊었는지를 최대한 구체적으로 전달하면 더욱 좋다. 위의 예시를 다시 가져와보면 "디자인에 파란색 계열을 사용한 점이 인상적이에요"라고 말할 수 있다. 그저 내가 본 것만 이야기했을 뿐인데도 아주 세세한 사항까지 주목해서 봤다는 느낌을 준다.

여기서 한 단계 더 나아가고 싶다면, 인상에 남은 점을 전달하면서 동시에 그것과 관련된 질문을 던져보자. "디자인은 어디서 영감을 받으신 건가요?"처럼 내 감상이 없어도 충분히 구체적인 질문을 할 수 있다. 혹은 상대의 수고를 칭찬해주는 것도 좋다. "그렇게 세세한 부분까지 조사하시다니 정말 대단하세요"와 같이 노고를 치하하는 말을 들으면 상대도 흡족할 것이다. 당신의 진심을 듬뿍 전달할 수 있는 좋은 표현이다.

모든 관계는
잡담에서 시작된다

'아는 척'보다는
'알아도 모르는 척'이 낫다

Ask Yourself

틀린 말을 들으면 곧바로 정정해주는 편입니까?

정정한다 ☐

그때그때 다르다 ☐

정정하지 않는다 ☐

본격적인 대화로 들어가기에 앞서 가장 먼저 알아야 할 것은 그 자리의 '목적'이다. 무엇을 위해 모였느냐에 따라 대화에서 무얼 얻어야 하는지 달라진다. 그러니 자리에 어울리는 분위기나 진행 방식도 목적에 따라 달라지는 것이 당연하다. 대화의 목적은 크게 '정보 전달', '아이디어 모색', '정답 도출' 세 가지로 나눌 수 있다.

첫째, 정보 전달을 위해 모인 자리라면 정보의 정확성과 효율적인 전달이 가장 중요할 것이다. 이때는 최대한 간결하게 말해 누구나 이해할 수 있도록 하는 자세가 필요하다.

둘째, 아이디어를 모색하는 것이 목적이라면 이 경우에는 정확성과 효율성이 별로 중요하지 않다. 이때는 긍정적인 분위기를 만들고 대화의 속도를 조절해, 누구나 자신 있게 아이디어를 말할 수 있도록 해야 한다.

마지막으로 정답을 도출하기 위해 하는 대화라면 이때는 비판적인 자세가 필요하다. 무슨 말을 하든 객관적인 근거를 바탕으로 합리적인 주장을 해야 한다. 상대의 말에 리액션을 할 때도 단순히 맞장구를 치기보다는 자신만의 근거를 들어 주장에 힘을 실어주거나, 맹점을 날카롭게 지적하는 객관적인 자세를 갖춰야 한다.

이처럼 목적에 따라 대화의 방식은 완전히 달라진다. 그러니 참여자들 사이에 목적을 공유하지 않으면 대화가 뒤죽박죽이 될 수밖에 없다. 최악의 경우 목적은 목적대로 달성하지 못하고, 참여자들의 사이가 서먹해질 수도 있다.

'신상품 개발'이라는 안건으로 브레인스토밍 회의를 한다고 가정해보자. 일단 브레인스토밍을 위해 모인 만큼 대화의 목적은 '아이디어 모색'일 테다. 모두 자유롭게 아이디어를 내놓는데 이때 "그건 예산 문제로 불가능해요", "우리 회사에서는 있을 수 없는 일이에요"와 같은 말로 찬물을 끼얹으면 회의의 분위기는 무겁게 가라앉는다. 이처럼 분위기가 무거워지면 아이디어가 있는 사람도 생각을 내놓는 걸 망설이게 된다. 결국 회의는 아이디어를 얻지도 못하고, 사이도 서먹해진 채 끝날 게 뻔하다.

하지만 회의를 시작하면서 "오늘은 아이디어를 내는 날이니까, 일단 현실적인 한계 같은 건 지적하지 말고 생각나는 걸 전부 말해봅시다!"와 같이 목적과 대화 방식을 명확히 짚어주면 대화의 양상은 확연히 달라진다. 만약 또 한계점을 지적하는 사람이 나온다고 해도 앞에서 말한 회의의 목적을 다시 한 번 말해주면 된다.

그렇다면 잡담의 목적은 무엇일까? 앞에서도 여러 차례 말했듯이 '참여자 모두 즐거운 시간을 보내는 것'이다. 어색함과 침묵 없이 모든 사람이 편안하고 기분 좋게 이야기를 나눴다면 그것만으로도 잡담의 목적은 달성된 것이다. 그 결과로 함께 대화한 사람과의 사이가 조금 더 가까워졌거나, 상대방이 어떤 사람인지 좀 더 잘 알게 되었다면 시간을 아주 훌륭하게 보냈다고 할 수 있다.

때론 잡담을 통해서 의미 있는 정보를 공유하기도 한다. 하지만 그건 그냥 운이 좋았던 것이지, 잡담할 때마다 매번 어떤 메리트를 얻을 수는 없다. '잡담은 어디까지나 잡다한 이야기'라는 마음가짐이 필요하다. 무언가를 얻어내는 섯보나는 우신 즐겁게 이야기를 나누는 것이 잡담의 최우선적인 목적이다.

그렇다면 이 목적을 위해 가장 중요한 요소는 무엇일까? 누구나 편안하게 이야기할 수 있는 편안한 분위기를 조성하는 것이다. 그래서 잡담을 할 때는 조용한 곳보다는 음악이 흐르거나 주변에 다른 그룹이 도란도란 이야기를 나누는 곳을 찾게 된다. 너무 조용할 경우 긴장감이 조성돼 이야기하기가 더 어려워지기 때문이다. 때로는 차와 간식 혹은 술이 놓이기도 한다.

만약 당신이 다음의 세 가지 유형 중 하나라도 해당되는 사람이라면, 더더욱 '편안한 분위기를 만들어야 한다'는 점을 마음 깊이 새기며 잡담에 임해야 한다. 바로 '고지식한 사람', '학구적인 사람', '습관처럼 반박하는 사람'이다.

첫째, 고지식한 사람들은 자신과 다른 견해나 말실수를 용

납하지 못한다. 그래서 자신의 생각과 다른 부분이 있다면 그걸 지나치지 못하고 지적해 분위기를 어색하게 만들기 일쑤다. 고지식한 사람과 대화를 나누다 보면 다음과 같이 전개될 때가 많다.

A: 얼마 전 주말 드라마에 김태희가 나왔는데 말이야.
B: 응? 주말 드라마라면「한 번 다녀왔습니다」말하는 거야? 거기 출연하는 배우라면 김태희가 아니라 이민정일 걸?
A: 아, 그랬나?
B: (스마트폰으로 검색하여 확인한 후) 이것 봐. 이민정이잖아.
A: 정말이네. 그렇구나.

이렇게 되면 A는 원래 하고 싶었던 이야기를 마음속에 그대로 묻어두게 된다. 별것 아닌 착각이었을 뿐인데 그 부분을 날카롭게 지적받으면 위축되고, 이야기하고 싶은 욕구도 자연스레 사그라든다. 틀린 내용을 바로잡아야 한다는 강박이 잡담을 완전히 망치고 마는 것이다.

긴장하지 않은 채 편안하게 나누는 잡담에서는 여러 가지 말실수를 할 수 있다. 사람이나 사물을 착각할 수도 있고, 단어 선택이 미묘하게 어긋날 수도 있다. 국어 강사인 나조차 잡담할 때는 가끔 관용구를 틀리게 말하기도 한다. 하지만 대화의 맥락을 통해 충분히 무슨 뜻인지 파악할 수 있으니 큰 문제가 되지 않는다.

자잘한 실수를 엄격하게 지적하는 사람은 잡담을 긴장되고 부담스러운 시간으로 만든다. 긴장감을 가득 안은 채 잡담하고 싶은 사람은 어디에도 없을 것이다. 결국 고지식한 사람들은 어느 자리에서도 환영받지 못하게 된다.

상대방이 한 말을 너무 지적하고 싶어 견딜 수 없다면 잠깐 멈춰서 '이 실수를 하나하나 정정할 필요가 있을까?'라는 질문을 스스로에게 던져보자. 너무나 치명적인 오류라서 반드시 정정해야 하는 경우라도 일단 상대방의 이야기가 끝날 때까지 기다리자. 상대방이 언짢아지지 않도록, 대화의 분위기가 가라앉지 않도록 조심스럽게 전달하는 게 중요하다.

둘째로 학구적인 사람들이다. 이들을 통으로 묶어서 말하면 성급한 일반화처럼 보일지 몰라도, 실제로 학구열이 높은 사람들은 잡담할 때도 비판적인 태도를 보이는 경우가 많다. 논리적이고 학구적인 자세로 정답을 추구하는 사고방식이 이미 일상이 돼버린 것이다.

물론 학구적인 성향 자체는 절대 단점이 아니다. 오히려 진리를 발견해 세상에 좋은 영향을 미치는 이들이므로 존경할 만한 성향이다. 다만 그렇지 않은 성향의 사람과 만났을 때 오해가 생기기 쉬울 뿐이다. 그리고 살면서 어느 누구와 잡담을 나누게 될지 모르는 일이기 때문에, 보다 보편적인 잡담 매너를 갖출 필요가 있다.

대부분의 사람들이 대화 중 지적을 받으면 인격적인 공격을 받았다고 느낀다. 당신은 그저 이야기를 좋은 방향으로 이끌고자 하는 좋은 의도였다고 해도, 누군가는 당신의 지적에 '이 사람은 너무 깐깐해서 대화하기 무서워', '말을 너무 심하게 하는데, 나를 싫어하는 걸지도 몰라'라는 오해를 갖게 될 수도 있다. 무심코 던진 말에 갑자기 그 자리의 분위기가 차갑게 식은 경험이 있다면 당신이 바로 이 유형일지도 모른다. 잡담할 때는 학구적인 태도를 자제하는 게 좋다.

그리고 마지막으로 습관처럼 반박하는 사람들이다. 상대의 말에 반론을 던지는 게 이미 버릇이 돼버린 사람이 있다. 이런 사람들은 어떤 말을 던지든 "그게 아니라~", "아니, 내 생각에는~"과 같이 반박의 의도를 담은 말로 받아친다. 물론 그런 사람 덕분에 모두가 몰랐던 정보를 알게 될 수도 있고, 뜻밖의 의견이 나와 새로운 대화가 전개될 수도 있다. 하지만 그 반박을 들은 누군가는 상처를 받고 있을지도 모른다. 이런 일이 벌어지고 쌓이다 보면 그 사람에 대한 호감은 자연스레 떨어질 것이다. 잡담에서는 아는 척보다 알아도 모르는 척이 더 도움이 될 때가 많다.

혹시 당신도 "아니"라는 말로 이야기를 시작할 때가 많지 않은가? 이 말이 습관처럼 굳어진 사람들이 생각보다 많다. 만약 그렇다면 이제부터는 "맞아, 맞아"라는 말을 연습해보자. 반박하고 싶어 견딜 수 없다면 우선 상대방의 이야기에도 일리가 있다고 인정한 후, '그렇지만 이렇게 생각할 수도 있을 것 같아'라는 식으로 어느 누구의 기분도 상하지 않도록 신경 써서 말하자.

잡담할 때는 언제 어디서나 목적을 생각하고 대화에 임해야 한다. 잡담은 어디까지나 참여자 모두가 원만한 분위기에서 즐거운 시간을 보내기 위해 하는 것이므로, 지적하지 않고 눈감을 수 있을 만한 부분은 그냥 흘려 넘기자. 어쩌면 잡담에서는 이 '지나칠 수 있는 힘'이 가장 중요한 기술일지도 모른다.

원 포인트 레슨

잡담의 목적은 어디까지나 즐거운 시간을 보내는 것이니

지적과 핀잔은 넣어두자.

어떤 잡담은
기분 좋은 사람으로 기억된다

스포츠는 혼자 하는 것과 팀이 하는 것, 크게 두 가지로 분류할 수 있다. 피겨 스케이팅이나 리듬체조 등은 선수 개인이 나와 맘껏 기량을 선보이는 종목이다. 그런가 하면 야구나 축구, 농구는 팀을 짜서 경기하는 종목으로, 선수 개개인의 역량을 뽐내기보다는 전략을 짜고 각자가 적합한 역할을 맡아 팀원으로서 맡은 바를 다해야 한다. 어떤 선수 한 명만 잘한다고 해서 이길 수 없는 종목들이다.

잡담이 둘 중 어디에 해당되느냐고 묻는다면 역시 잡담은 후자와 같은 '팀플레이'다. 한 사람이 훌륭한 말재주를 선보이며 웃음을 주는 게 아니라, 그 자리에 있는 모든 사람이 즐겁고 편안한 마음으로 시간을 보내는 것이 중요하다.

잡담할 때 화기애애한 분위기를 만들기 위해 가장 필요한 것은, 축구에 비유하자면 '공격수가 되지 않는 자세'다. 쉽게 말해 한 사람만 이야기를 계속해나가서는 안 된다는 말이다.

학교에서 조를 짜서 토론하거나 취업을 위한 토론 면접을 볼 때 먼저 나서서 자신의 주장을 펼치며 의욕적으로 토론에 참여하는 사람을 본 적이 있을 것이다. 논리적이고 합당한 주장이어서 처음에는 감탄이 나와도, 이상하게 계속 듣다 보면 그 사람이 불편해지기 시작한다. 처음에는 납득이 되던 주장도 반복해 들으니 어딘지 모르게 꼬투리를 잡고 싶어지고, 그 사람이 왠지 눈에 거슬린다. 결국 그 사람 자체에 대한 호감이 떨어지는 지경까지 가게 된다. 그래서 토론을 이용한 면접 자리에서는 '얼마나 논리적으로 주장을 펼치느냐'보다도 '얼마나 다른 사람의 말을 경청하고 존중하며 협동적인 태도로 토론에 참여하느냐'가 평가 기준이 되는 경우도 많다.

대체로 공격수 유형의 사람은 이야기의 흐름이나 자리의 분위기를 망쳐버려 '자기만 좋으면 괜찮은 사람', '눈에 띄고 싶어 하는 사람'이라는 불명예스러운 딱지가 붙는다. 협력과 조화를 중시하는 우리 사회에서는 적극적으로 앞에 나서는 사람을 별로 선호하지 않기 때문이다.

잡담에서 가장 매력적인 포지션은 공격수보다도 '미드필더'다. 직접 골을 넣기보다 멋진 패스를 해주겠다는 목표로 잡담에 참여하자. 상대방이 멋들어진 말을 하거나 어떤 문제점에 대해 해결책을 말할 수 있도록 옆에서 받쳐주는 사람이 되라는 것이다. 축구 경기를 생각해보면 공격수만 있는 플레이는 상상이 안 되지 않는가? 공격수만 있다면 선수 제각각이 자신이 골을 넣겠다고 아우성일 테고, 경기는 엉망이 되어버릴 확률이 높다. 좋은 골을 넣는 공격수 뒤에는 항상 뛰어난 패스를 해준 미드필더가 있다는 사실을 잊지 말자.

진짜 잡담의 고수는 옆에서 받쳐주면서 상대방의 아이디어를 이끌어낸다. 때로는 해결책과 해답이 떠오른다고 해도 굳이 직접 말하지 않고 상대방이 결정적인 한마디를 할 때까지 기다린다. 잡담을 잘하기 위해서는 이런 참을성도 필요하다. 상대방이 골을 넣도록 도와주어 그가 성취감과 자신감을 느낄 수 있게 만들면 '내가 돋보일 때'보다도 훨씬 더 큰 메리트가 찾아온다. 기분이 좋아진 상대방이 당신을 '함께 이야기하면 즐거운 사람', '다음에 또 만나고 싶은 사람'으로 기억할 테니 말이다. 장기적으로 생각했을 때 스스로 멋진 이야기를 해서 그 자리에서 박수갈채를 받는 것보다는 사람들에게 좋은 인상을 남기는 것이 훨씬 이득이다.

그런가 하면 서먹한 대화 자리에서는 '수비수'가 되어 호감을 주는 것도 좋은 전략이다. 잡담의 수비수란 어떻게든 커뮤니케이션을 유지시키는 역할을 말한다. 수비수를 맡았다면 혼자 앞서가며 대화의 분위기를 악화시키는 사람을 막아내고, 정적이 흐를 때는 적절한 화제를 꺼내며 대화의 분위기를 부드럽게 유지하면 된다. 이렇게 보면 '굳이 필요한 역할인가?' 하며 고개를 갸웃거릴 수도 있지만, 축구 경기에서 수비수가 없으면 절대 승부에서 이길 수 없듯이 잡담에서도 수비수의 역할은 꽤나 중요하다.

대여섯 명 정도가 모여 잡담을 하는데 누군가 자신의 이야기만 떠벌리는 상황이라고 해보자. 처음에는 관심 있게 듣던 사람도 한 명만 이야기를 계속하면 금세 흥미를 잃을 것이다.

맞장구나 질문 같은 리액션도 당연히 적어진다. 최악의 경우, 이야기하는 사람을 뺀 모두가 휴대폰을 매만지고 있을 수도 있다. 이때 수비수가 진가를 발휘한다. "흠…… 그런 것도 있군요"라는 말로 건성으로 대꾸하며 "그러고 보니 ○○씨는 최근 어떤 일이 있었어요?"라고 다른 사람에게 슬며시 바턴을 넘기는 것이다. 한 사람만 떠들다가 잡담의 분위기가 가라앉아버리는 일을 막을 수 있다.

반대로 어색한 침묵에 빠졌을 때는 날씨나 계절처럼 무난하고 가벼운 화제를 꺼내 이야기를 이어가고, 상대방의 이야기에 맞장구를 치며 분위기를 끌어올린다.

이렇게 커뮤니케이션을 계속 이어가도록 만드는 수비수 역할도 잡담에 꼭 필요하다. 결코 무리해서 이야기에 참여하거나 사람들을 웃기려고 하지 않아도 된다. 잡담의 분위기를 부드럽고 원만하게 유지하는 것, 그 자체에 큰 가치가 있다. 사회인이라면 누구 덕분에 대화가 유지되었는지 정도는 쉽게 파악할 수 있다.

"오늘은 ○○씨가 있어서 다행이었어." 자리가 마무리될 때 종종 이런 감사를 받은 적이 있다면 당신의 재능은 수비에 있다고 볼 수 있다. 따라서 무리하게 잡담을 주도하려 하지 말고 당신이 잘할 수 있는 것에 집중하자. 잡담에서 가장 빛나는 포지션은 공격수가 아니라 미드필더와 수비수다.

원 포인트 레슨
잡담을 빛내는 포지션은 공격수가 아니다.
미드필더와 수비수의 위치에서 최선을 다하자.

자유자재로 잡담을 이끄는
질문의 기술

"많이 추워졌네요", "이제 곧 여름이네요"라는 말을 빼놓고
는 잡담이 진행되지 않을 만큼 '계절'과 '날씨'라는 화제는 잡
담의 단골손님이다. 이처럼 잡담은 사소한 화제에서 공통점을
찾아내 공감대를 형성하는 걸로 시작된다.

잡담하는 상대와 공통점을 찾아내기 위해 때로는 우스울 만
큼 별것 아닌 이야기를 하기도 한다. 예를 들어 "부산 출신이
에요"라는 말에 "어머, 저희 외삼촌도 부산에 살고 계세요!"와
같이 대답하는 걸 들으면 피식 웃음이 나온다. 하지만 아무리

별것 아닌 공통점이라도 "그러세요? 외삼촌은 어느 동네에 살고 계신가요?", "서면 근처에서 살아요, 그래서 저도 어렸을 때부터 서면에 자주 가곤 했어요", "정말요? 저도 서면에 자주 가는데! 그곳에서 고등학교도 나왔어요"처럼 일정 시간 이상 대화가 이어진다면 충분히 좋은 시간을 보냈다고 할 수 있다.

다만 이런 잡담은 수박 겉핥기에 불과하다. 이런 대화는 아무리 자주 나눈다고 해도 사이가 가까워지지 않는다. 만약 잡담을 통해 상대방과 친밀해지고 싶다면 다음과 같은 단계를 밟아가며 이야기하길 추천한다.

① 공통점을 바탕으로 신뢰 관계(라포르) 구축
② 서로의 차이에서 재미를 찾고 자극을 주고받음

물론 굳이 공통점을 찾을 필요도 없을 만큼 자신과 비슷하다고 느껴지는 사람도 있다. 그런 경우 이 단계를 애써 거치지 않아도 자연스럽게 가까워질 수 있으니 잡담의 난도가 훨씬 낮아진다. 고향이나 출신 학교에 대한 화제가 잡담에 자주 등장하는 것도 그 때문이다. 이럴 때는 공통된 화제에 관해 이야기를 나누며 편안하게 시간을 보내면 된다.

첫 번째 단계에서 말한 '라포르Rapport'란 임상심리학 용어로, 원래는 상담을 받는 사람과 카운슬러 사이에 구축해야 할 신뢰 관계를 가리키는 말이다. 라포르가 형성되지 않으면 심도 있는 상담이 이뤄지지 않기 때문에 심리학이나 성신의학에서는 무척 중요시하는 개념이다. 그리고 이 라포르를 구축하기에 가장 효과적인 방법이 바로 공통점 찾기다. 그 외에도 이야기를 듣는 방법, 받아들이는 방법을 통해 차차 라포르를 구축해갈 수 있다. 카운슬러는 다음과 같은 수법을 사용한다.

· 맞장구를 친다.
· 상대방이 말하는 속도나 목소리의 크기, 톤, 호흡 등에 맞춰 말한다.
· 상대방의 행동을 따라 한다(예를 들어 상대방이 펜을 잡는다면 카운슬러도 함께 펜을 잡는다).

잡담에도 이 방법을 써볼 수 있다. 편안하게 이야기할 수 있는 분위기를 만들었다면 그때부터는 서서히 깊은 이야기를 꺼내면서 라포르를 구축해보자. 그때는 두 가지 유형의 질문을 번갈아 던지면서 대화하면 효과적이다. 여기서 두 가지 유형이란 '닫힌 질문'과 '열린 질문'을 말한다.

닫힌 질문은 "이 건에 대해 사전에 알고 계셨나요?", "어디에 살고 있나요?"와 같이 단순히 사실만 대답하면 되는 질문, 짧은 답으로 끝낼 수 있는 질문을 말한다. 육하원칙으로 말하자면 '언제', '어디서', '누가', '무엇을'에 해당된다.

반면 열린 질문은 "왜 이것에 관심을 갖게 되었나요?", "앞으로 어떻게 하고 싶으세요"와 같이 대답이 자유롭게 펼쳐질 수 있는 질문이다. 대답이 아주 길어지기도 하고, 그로부터 또다른 주제의 잡담으로 뻗어나가기도 한다. 육하원칙 중에는 '왜'와 '어떻게'에 해당되지만, "인생의 목적은 무엇인가요?"처럼 심도 있는 답이 필요한 질문이라면 '무엇을'도 열린 질문이 될 수 있다.

열린 질문을 던지면 대화가 좀 더 풍성해진다. "왜 그렇게 생각하셨어요?", "그때 어떤 기분을 느끼셨나요?"와 같은 질문에는 좀 더 심도 있는 대답을 하게 되고, 깊은 내면의 이야기까지 나눌 수 있다. 사이가 금방 가까워지기도 한다. 실제로 인터뷰 자리에서도 열린 질문을 많이 사용한다.

다만 열린 질문은 추상적이고 막연하므로 아무래도 곧바로 대답하기 곤란한 경우가 생긴다. 대답을 망설이다가 대화 중에 정적이 흐를 때도 많다. 적당한 속도로 질문과 대답이 오고 가지 않으면 분위기는 단숨에 가라앉는다. 사뭇 침묵이 흐르면서 둘 사이에는 어색함이 감돌게 되고, 결국 잡담은 끊어지고 만다. 이것이 바로 열린 질문의 치명적인 단점이다.

그러니 열린 질문과 닫힌 질문을 적절히 섞어가면서 대화하는 게 이상적이다. 상대방이 대답을 망설이고 있다면 분위기가 가라앉아버리기 전에 닫힌 질문을 던지자. 닫힌 질문에는 별생각 없이 곧바로 대답할 수 있으므로 대화가 도통 진전되지 않을 때 다시 속도를 붙일 수 있다.

그렇게 대화가 정상적인 궤도를 찾는다면 "왜 그렇게 생각하셨나요?", "그곳에는 어떤 이유 때문에 방문하셨어요?"라는 열린 질문을 다시 던져 상대방의 생각을 끌어내고, 가치관과 경험을 탐색한다. 그것을 들은 후에는 자신은 어떻게 느꼈는지, 또 그렇게 느낀 이유는 무엇인지 말하며 깊은 이야기를 주고받는다. 여기서는 상대방과 다른 점이 있더라도 부정하거나 반박하지 않는 태도가 필요하다. 차이를 인정하지 않으면 잡담이 더 이상 나아가지 않는다.

이렇게 심도 있는 의견을 나누며 깊은 신뢰감을 쌓았다면, 그때야말로 비로소 수박 겉핥기식의 대화에서 발전해 '진정한' 대화를 나누었다고 할 수 있다. 이런 대화를 나누고 나면 두 사람 사이가 한 뼘은 더 가까워질 것이다.

반면 상대의 사고방식을 들을수록 거부감이 느껴지고, 친해지고 싶은 마음이 사라질 때도 있다. 그럴 때는 대화를 굳이 깊게 만들려 하지 말고 일부러 얕은 수준의 대화만 나누다 끝내면 된다. 싫은 사람과 깊은 관계를 만들 필요는 없다. 이럴 때도 질문은 매우 편리하다. 앞의 사례와는 반대로 닫힌 질문만 던지면서 단편적이고 의미없는 이야기만 주고받는 것이다. "언제요?", "가게는 어디였나요?"와 같이 한마디로 답할 수 있는 질문만 하면서 깊은 이야기로 들어가지 않는 방법이다. 그 자리는 평화롭게 유지하되 상대와 가까워지지 않을 수 있다.

이때는 상대방이 적극적으로 자신의 생각을 펼칠 때 더 파고들지 않는 기술이 필요하다. 근거를 물어보거나 반론을 하면 귀찮은 언쟁만 일어날 뿐이다. 그렇다고 해서 생각이 완전히 다른데 쉽사리 동의하고 싶지도 않을 것이다. 이럴 때는 "아, 그런 관점도 있군요", "그렇게 받아들일 수도 있겠네요", "당신은 그렇게 생각하는군요"와 같은 말로 확실히 선을 긋는다. '당신의 생각은 충분히 알겠지만 나는 동의하지 않는다'는 뉘앙스를 풍기는 것이다.

일단 리액션을 함으로써 대화가 침묵에 빠지는 것은 피하고, 상대방이 주장을 더 펼칠 기회를 차단할 수 있다. 내 생각은 다르다는 의견도 확실하게 전달할 수 있으니 일석이조다. 그 후에는 분위기가 어색해지지 않도록 "그러고 보니~"라는 표현을 이용해 화제를 슬쩍 바꿔보자. 이처럼 잡담 실력을 키우면 상대방이나 화제에 따라 더 발전시키기도 하고, 반대로 끝내버리기도 하면서 자유자재로 대화를 조절할 수 있다.

원 포인트 레슨
가까운 사이가 되고 싶을 때는 열린 질문을,
그 자리를 정리하고 싶을 때는 닫힌 질문을 사용한다.

친절하고 사려 깊게
대화를 끝내는 법

Ask Yourself

이야기를 끝내지 못해 다음 일정에 지장을 준 적이 있습니까?

늦은 적이 있다 ☐

시간은 맞췄지만 아슬아슬했다 ☐

없다 ☐

한번 이야기를 시작하면 도무지 말을 끝내지 않는 사람이 있다. 듣는 사람이 안절부절못하거나 지루해하는 걸 절대 눈치채지 못하고 끝없이 말을 이어가는 유형이다. '아, 또 붙잡혔다' 싶어 내심 한숨을 쉬게 만드는 그런 사람이 주변에 한 명씩은 꼭 있다. 이런 사람과는 잡담을 오래 하면 할수록 피곤하다. 게다가 여기서 그치지 않고 일이나 일정에까지 지장을 미치는 경우도 있다.

나 역시 사회초년생 시절에는 이럴 때 어떻게 대처해야 할지 몰라 상대의 이야기를 들어주다가 시간이 임박해서야 부랴부랴 수업에 들어가기도 했다.

진짜 잡담의 고수는 '내가 하고 싶지 않은 잡담'을 계속하지 않는다. 지금까지 잡담을 '풍성하게 만드는' 방법을 중심으로 소개했다면, 이번 장에서는 잡담을 친절하고 사려 깊게 '끝내는' 법을 소개하려 한다.

우선 관점을 조금 바꾸어보자. 지루해서 못 견디겠으면서도 왜 당신은 이야기를 계속 듣고 있는가? 무엇이 당신을 꿀 먹은 벙어리로 만들어버렸는가? 추측하건대, 당신은 먼저 나서서 이야기를 끝내는 일이 말하고 있는 사람에게 실례가 될 것이라고 생각했을 것이다.

실제로 듣는 사람 쪽에서 대화를 정리해버리면 말하던 사람은 불쾌함을 느낄 때가 많다. 자신의 이야기가 끊겼을 경우 존중받지 못한다는 느낌에 자존심이 상하기도 한다. 따라서 대화를 끝낼 때는 상대가 불쾌해하지 않도록 특별히 신경을 쓸 필요가 있다. 이번에는 잡담하기 곤란한 상황이 발생했을 때, 문제를 일으키지 않고 그 자리를 마무리할 수 있는 다섯 가지 방법을 소개하고자 한다.

① 어쩔 수 없는 사정을 전한다

회의나 상담, 고객과의 약속, 서류 제출 기한처럼 상대방도 어쩔 수 없겠다는 생각이 들 법한 사정을 설명하며 자리를 피한다. "죄송합니다만, 사실 오후에 있을 회의 자료가 아직 덜 준비되어서요⋯⋯." 사정을 설명할 때는 이렇게 일부러 끝을 생략하는 것도 하나의 요령이다. 이야기를 그만 끝내달라고 직접적으로 말하는 건 냉정하게 선을 긋는 것처럼 들릴 수 있기 때문이다. 말끝을 살짝 흐리면 자신의 사정을 전하면서 동시에 상대방에게 슬쩍 결정권을 돌려 도량을 베풀 기회를 줄 수도 있다. 상대방은 불쾌해하기는커녕 청자의 사정을 배려해주는 자신의 씀씀이에 으쓱해할 것이다.

② 잡담을 끝내야 하는 안타까움을 전한다

이야기를 도중에 자르더라도 상대방이 '내 이야기에 들을 가치가 없구나'라고 생각하게 만들고 싶지는 않을 것이다. 웬만하면 타인에게 상처를 남기고 싶지 않기 때문이다.

그러니 "사실은 좀 더 이야기를 듣고 싶지만⋯⋯"과 같은 말로 이야기를 끝내는 게 안타깝다는 사실을 전한다. 상대방의 이야기에 충분히 관심이 있지만 더 이상 들을 수가 없어 아쉽다는 마음을 표현해보자. 이럴 때는 '공교롭게도', '간절하지만', '애써 들려주셨는데' 같은 '만능 거절 표현'을 사용하면 더 효과적이다. "공교롭게도 이제 곧 회의가 시작될 시간이라서요", "듣고 싶은 마음은 간절하지만 고객과 미팅이 있어서요", "애써 시간을 내주셨는데 죄송하지만 곧 회의가 시작돼서요" 와 같은 말로 활용할 수 있다.

③ 상대의 시간을 걱정해준다

이 방법은 특히 상대방이 상사나 웃어른일 때 유용하다. 예를 들어 슬쩍 시계를 보며 "앗, 벌써 1시가 됐네요"라고 놀라는 모습을 보여준다. 그러고서 "바쁘실 텐데 이야기가 길어져서 죄송합니다. 저 때문에 시간을 너무 많이 쓰셨네요"라고 오히려 상대의 시간을 걱정해주며 이야기를 끝내는 것이다. 이 방법을 사용할 때는 상대가 "아니, 나는 아직 괜찮으니 좀 더 이야기를 하세"라고 응수하기 전에 신속하게 자리를 뜨는 요령도 필요하다.

앞에서 소개한 방법 중 어쩔 수 없는 사정을 설명할 때도 그

전에 상대에 대한 배려를 끼워 넣으면 마무리하는 말을 하기 쉽다. 단순히 "저, 회의를 준비해야 해서요"라고 말하기보다는 "○○씨는 슬슬 가보셔야 할 시간이죠. 그럼 이만 저도 회의를 준비하러 가보겠습니다"라고 말하는 편이 이야기를 끝내기 용이하다.

④ 박력 있게 인사한다

흐름을 단절시키게 되더라도 꼭 대화를 끝내야 하는 상황에 사용하는 방법이다. "자, 그럼 다음에 봅시다!"라든가 "그럼 먼저 실례하겠습니다"라고 박력 있게 인사하며 그 자리를 뜨자. 물론 이 방법을 쓰더라도 무례하다는 인상을 최대한 피하기 위해서는 어느 정도 이야기가 정리된 듯한 분위기일 때여야 한다. 어떤 방법을 쓰든 말을 뚝 끊으면 좋은 인상을 남기기 어렵다.

한 가지 팁은 지금까지의 이야기를 요약하거나 칭찬하는 말을 건넨 후에 박력 있는 인사를 하는 것이다. "그 말씀은 ○○이었다는 거죠. 그럼 다음에 더 자세히 이야기해주시면 감사하겠습니다", "역시 ○○씨군요. 그럼 다음에 더 듣겠습니다!"

와 같이 말하면 무례해 보이지는 않으면서도 단호하게 대화를 끝낼 수 있다.

⑤ 감사의 말을 전한다

이야기를 끝낼 때 귀중한 이야기를 늘을 수 있어서 좋았다거나 이야기를 나눌 수 있어서 좋았다는 감사의 마음을 전하며 끝내도록 한다. 칭찬이나 감사 인사는 어떤 대화에서든 써먹기 좋은 필살기다. 마무리할 때도 마찬가지다. 대화를 끝내며 긍정적인 감사의 말을 건네면 부정적인 인상을 남기지 않을 수 있다.

①~⑤의 요령을 적절히 조합하여 이야기를 마무리해보자. 또한 이번 장의 앞부분에서 이야기를 먼저 끊을 때 느껴지는 죄책감에 대해 언급했는데, 사실 곰곰이 생각해보면 애초에 죄책감을 느낄 필요가 없는 일이다.

나는 이 이야기를 시작하며 "이야기를 끝내지 못해 다음 일정에 지장을 준 적이 있습니까?"라는 질문을 건넸다. 실제로 누군가의 수다 때문에 일정에 차질을 빚은 적이 있는 사람이

5장 모든 관계는 잡담에서 시작된다

215

라면 그때의 심정을 이해할 것이다. 끝도 없이 수다를 늘어놓은 그 사람을 원망하게 되고, 호감은 뚝 떨어진다. 다시는 그 사람과 만나고 싶지 않다는 생각까지 든다. 바로 이것이 듣기 싫은 잡담을 끝낼 때 죄책감을 느끼지 않아도 되는 이유다.

만약 기나긴 잡담 때문에 피해를 보았다면 '이 사람과 엮이면 귀찮아진다'는 생각이 뇌리에 박혀 그를 멀리하게 될 수도 있다. 그런 관계가 되면 상대방에게도 손해다. 그러니 적절하게 대화를 끊어서 서로에게 좋은 인상을 남기는 게 낫지 않겠는가? 장기적으로 볼 때 적절한 타이밍에 잡담을 마무리하는 것이 서로에게 좋은 일이라는 걸 잊지 말자. 그리고 가능한 한 상대에게 상처를 주지 않도록 앞에서 설명한 다섯 가지 방법을 활용해 친절하게 대화를 끝내자.

사실 가장 좋은 방법은 잡담을 시작하기 전에 제한을 두는 것이다. 예를 들어 다음과 같이 구체적인 숫자로 시간제한이 있다는 것을 전달한다. "지금 5분 정도밖에 여유가 없는데 괜찮을까요?", "죄송하지만 선약이 있어서 1시 반까지만 이야기할 수 있을 것 같아요." 미리 이런 말을 해두면 상대방도 최대한 짧게 이야기하거나 다음 기회를 기약할 수 있다.

여기서 기억해야 할 포인트는 세 가지다. 첫째, 예상하는 시간보다 제한 시간을 더 밭게 두자. 2시까지 여유가 있다고 해서 "2시까지라면 괜찮아요"라고 말하면 안 된다. 애당초 상대방이 이야기를 길게 끄는 유형이기 때문에 시간제한을 두는 것 아닌가? 그런 사람은 2시까지라고 하면 2시 30분까지 수다를 떨고, 3시까지라고 하면 3시 30분까지 수다를 떤다. 여유 시간을 곧이곧대로 말했다가는 결국 일정에 지장을 줄 것이 분명하다. 이때 제한 시간을 원래보다 밭게 두면 이야기가 길어져도 다음 일정에 맞출 수 있다.

"앗, 1시 반까지라고 했는데 벌써 지나버렸네. 미안해."
"아뇨. 어떻게든 맞출 수 있을 것 같아요. 신경 쓰지 마세요."
"바쁜데 고마워."

내가 자주 경험하는 대화 패턴이다. 이 경우 상대방에게는 '바쁜데도 불구하고 예정되어 있던 시간보다 더 많이 이야기를 열심히 들어준 사람'이라는 인상도 줄 수 있으니 일석이조다. 사정이 있는데도 기꺼이 이야기를 들어준 당신에게 호감이 생길 것이다.

둘째, 대화를 끝내야 하는 것이 안타깝다는 마음을 전하자. 사정이 급하면 "지금 바빠서 먼저 실례할게요!"라고 퉁명스러운 말투가 튀어나오기 쉽다. 이렇게 되면 상대는 서운함과 섭섭함을 느낀다. 너무 바쁠 때 기분이 날카로워지는 건 물론 이해한다. 그러나 사정을 잘 모르는 상대의 입장에서는 무례하다고 느껴질 수 있다. 매몰차게 거절당했다는 생각에 자존심이 상할지도 모른다.

그러니 말을 끝낼 때는 상대를 무시하는 게 아니고, 자신도 이야기를 듣지 못해 안타깝다는 뉘앙스로 정중하게 이야기하자. "죄송합니다만 지금 회의 전이라 10분밖에 시간을 못 낼 것 같습니다"와 같은 말이다. 여기서는 앞에서 이야기한 세 가지의 만능 거절 표현 중 '공교롭게도'와 '애써'를 함께 사용해도 좋다.

마지막으로 긍정적으로 다음을 기약하며 끝내자. "지금은 어렵지만 내일이라면 일단락될 것 같으니 내일 꼭 말씀 부탁드릴게요"와 같이 말하면 지금 당장 이야기를 듣지 못해 안타깝다는 마음을 전할 수 있고, 다음 기회에 대해 긍정적인 의사

를 보여줄 수도 있다. '지금 당장은 사정이 되지 않지만 당신의
이야기를 꼭 듣고 싶다'는 점을 어필하는 게 포인트다.

원 포인트 레슨
'공교롭게도', '간절하지만', '애써'라는
만능 거절 표현으로 이야기를 끝낸다.

말투는
대화를 지배한다

Ask Yourself

**부하 직원이 어떤 프로젝트에 실패했다면
다음 중 어떤 문장으로 물어보겠습니까?**

왜 못 했어요?   ☐

어떻게 하면 성공시킬 수 있었을까요?   ☐

　'질문'의 힘은 몇 번을 강조해도 모자라다. 상대의 이야기를 이끌어내고 잡담 내내 좋은 분위기를 유지하려면 '기분 좋은 질문의 기술'이 필요하다. 기분 좋은 질문에는 기분 좋은 답변이 따라오기 마련이다. 이는 비즈니스에서도 마찬가지다.

　"왜 못 했어요?", "어째서 ○○밖에 없었어?"라고 묻는 말투는 질문이라기보다는 질책이나 심문처럼 느껴진다. 대화를 이어가기는커녕, 상대방은 대답에 부담을 느끼고 입을 다물어버린다. 결국 둘 사이에는 험악한 침묵이 생겨난다.

상사에게 그런 질문을 받는다고 가정해보자. 설사 당신이 잘못한 일이라 죄책감을 갖고 있었다고 해도, '왜 못 한 거지요?'라고 따지듯이 질책하는 말을 들으면 괜한 반발심이 들 것이다. '며칠만 더 빨리 말해줬으면 좋았을 텐데', '애초에 불가능한 일이었는데' 같은 생각이 들어 자신이 잘못한 일인데도 자꾸만 상사의 탓으로 돌리게 된다.

자존감이 낮은 사람이라면 또 다른 문제가 발생한다. 상사에게 질책을 들었을 때, '역시 나는 뭘 하든 안 돼', '내 역량은 한참이나 부족해', '나는 이 일을 할 만한 깜냥이 못 돼' 같은 생각에 휩싸여 그 후에 일의 성취도가 현저히 떨어질지도 모른다. 이는 당사자에게도, 회사의 입장에서도 큰 손해다.

이런 대화는 비즈니스를 넘어 사람들 간의 관계에까지 악영향을 미친다. 상사도 부하도 서로를 신뢰하지 못하게 될 것이다. 결국 어떤 관점에서 보든 질책하고 따지는 말투는 도움이 되지 않는다. 이번에는 그런 말투에 익숙해져 있을 리더들에게 '일 잘하게 만드는 질문 방법'을 소개해주려 한다. 부하들이나 후배들과의 커뮤니케이션이 항상 고민이었다면 다음의 세 가지 방법을 참고해서 당신의 질문 방법을 완전히 바꿔보자.

"이 프로젝트를 성사시키려는 시도는 했을 텐데, 결국 실패하게 된 원인이 무엇일까요?"

"일단 지금 같은 상황이 일어나게 된 원인부터 찾아봐야겠군요."

첫째, 실패한 일에 대해 물을 때에는 사람을 비난하지 말고 순수하게 그 일이 실패한 이유나 원인을 찾는 질문을 하자. 비난조의 질문은 반감을 불러일으킬 뿐이다. 만약 어떤 피치 못할 사정 때문에 일어난 일이라면 상대방도 그 사정을 충분히 설명할 수 있을 것이다.

그게 아니라 역량이 부족해 제대로 해내지 못한 것이라도 질책하고 따지는 질문보다는 원인을 찾는 질문이 훨씬 도움이 된다. 부하가 상사의 질책에 주눅이 든 나머지 누구에게도 도움을 요청하지 못해 끙끙대다가 일에 차질을 빚는다면 최악의 결과를 맞게 될 것이다. 단순히 원인을 묻는 질문을 들으면 솔직하게 자신의 역량 부족이 원인이었다고 고백할 수 있다. 적절한 조치를 취해 비즈니스를 원활히 할 수 있으므로 상대방에게도, 당신에게도 플러스가 될 화법이다.

"만약 ◇◇가 있었으면 할 수 있었을까요?"

"프로젝트를 하면서 모자라거나 필요하다고 생각한 부분이 있었나요? 그렇다면 그 부분만큼은 꼭 보충해서 다음 건은 성사시키도록 합시다."

둘째, 상대방의 자신감을 살려줄 수 있는 질문을 하자. 어떤 조건이 갖춰졌다면 가능했으리라는 사실을 확인시켜, 성취하지 못한 데서 생기는 죄책감이나 자신감 부족을 극복하도록 돕는 질문이다. 이런 질문을 들으면 자신감이 뚝 떨어졌다가도 '◇◇만 있으면 괜찮을 거야!'라며 다시 희망을 갖게 된다. 질문을 통해 자신에게 혹은 실패한 프로젝트에 부족했던 부분이 무엇이었는지 다시 한번 돌아보며 한 단계 더 성장할 수 있을 것이다.

"어떻게 하면 여기서 더 성장할 수 있을까요?"
"좀 더 개선시킬 수 있는 방법을 찾아볼까요?"

셋째, 미래지향적인 태도로 질문하자. 지난 일을 바꿀 수는 없다. 그러니 과거에 대한 미련은 떨치고, 앞으로 어떤 일을 도모해야 할지, 눈앞에 펼쳐진 사태를 어떻게 풀어야 좋을지 혹은 앞으로 어떻게 해야 지금의 상황을 개선시킬 수 있을지 그 해결책을 검토하는 성숙한 자세를 보이자.

무엇보다도 상대방이 대답하기 쉽도록 명료하게 말해야 한다는 점, 그리고 상대방의 기분이 상하지 않도록 조심스럽게 접근해야 한다는 점을 기억하자. 이런 '프로의 질문 기술'은 질문 하나로도 상대에게 호감을 얻을 수 있다.

말투의 힘은 생각보다 매우 크다. 알맹이는 똑같아도 그걸 어떻게 말하느냐에 따라 듣는 사람은 긍정적으로도, 부정적으로도 받아들일 수 있다. 어떤 충고를 할 때 "다 너를 생각해서 하는 말이야"라는 말을 덧붙여도 상대방이 불쾌하게 여기는 이유이기도 하다. 아무리 '나를 생각해서 해주는 말'이더라도 공격적이고 가시 돋친 말투라면 누가 반기겠는가?

이는 비즈니스 관계가 아니라 사적인 관계에서도 명심해야 할 점이다. 예를 들면 직장에서 겪은 실패담을 절친한 친구에게 털어놓는 상황이라고 해보자. 아무리 친한 사이라도 "그런데 왜 못 한 거야?", "네가 잘못한 것 아니야?"라는 말을 들으면 기분이 상한다. 그저 푸념을 늘어놓는 잡담이었을 뿐인데 마치 상사에게 질책받는 것 같은 느낌이 든다. 이 경우 친구에 대한 실망까지 보태지기 때문에 관계가 갑자기 악화될 수도 있다. 그러니 사적인 관계라면 따지는 말투가 되지 않도록 더더욱 주의하자.

그 대신 앞에서 이야기한 것처럼 미래지향적인 질문이나 상대의 자신감을 되살려주는 질문을 던져보자. 그러면 친구에게 위안을 주는 동시에, 잡담에서 한 발 더 나아가 생산적인 조언을 주고받을 수도 있을 것이다.

원 포인트 레슨
말투만 바꿔도 사람이 달라 보인다.
질문할 때는 상냥하고 완곡한 말투를 사용하자.

센스 있는 잡담의 기술 ⑨

·····························

품격을 높이는
어휘의 한 끗 차이

지금까지 '누구와 만나든 능숙하고 즐겁게 잡담할 수 있는 방법'을 설명했다. 마지막으로는 단순히 능숙하게 잡담하는 데서 한 단계 더 나아가 잡담에서도 지적이고 품격 있는 인상을 남길 수 있는 어휘 선택의 팁을 알려주려 한다.

어휘를 조금만 바꿔도 큰 변화가 생긴다. 혹시 주변에 잡담할 때조차 교양이 느껴지는 사람이 있다면, 그의 말 한마디 한마디를 주의 깊게 들어보라. 그들은 사용하는 어휘부터 다르다. 조금 더 지적인 인상을 심어줄 수 있도록 여기서 소개하는 어휘를 기억해두자. 지성과 교양은 아주 사소한 부분에서 느껴지는 법이다.

① 만나서 반가워요 → 만나 뵙게 되어 영광입니다

윗사람을 만났을 때 사용하기 좋은 격식 있는 표현이다. 이보다는 조금 가볍게 "만나 뵙게 되어 기쁩니다"라는 표현도 사용할 수 있다. 그 정도로도 상대에 대한 경의는 충분히 표현할 수 있다. '만나서'를 '만나 뵙게 되어서'로만 바꿔도 분위기가 확 달라진다. '뵙다'는 '뵈다'보다 더 겸양의 뜻을 나타낸다.

이 밖에도 만남의 기쁨을 표현하는 어휘로는 '승안하다', '배견하다', '참방하다' 등이 있지만, 구어로는 잘 쓰지 않는 말들이므로 메일이나 편지를 쓸 때 사용해보길 추천한다.

② 보는 눈이 있으시네요 → 눈이 높으시네요

'보는 눈이 있다'라는 말은 다들 알다시피 사람이나 일 따위를 평가하는 능력이 있다는 뜻의 관용구다. 이를 조금 격식 있게 말하고 싶다면 '눈이 높다'라는 말을 쓸 수 있다. 그 외에도 "○○씨의 눈은 틀림없네요", "역시 안목이 있으세요"라는 말을 기억해두자. 상사나 웃어른에게 말할 때는 '안목이 있다'라는 표현을 쓰는 편이 더 정중해 보일 것이다.

이와 더불어 또 하나 알아두면 좋을 어휘가 있다. 인재를 알아보는 눈을 칭찬할 때도 '보는 눈이 있다' 같은 말을 쓰곤 하지만, 그럴 때는 '백락百樂'이라는 말이 더 적절하다. 중국 주나라 때, 천리마를 알아보고 키워내는 능력이 탁월한 '백락'이라는 인물이 있었다. 그는 허약하고 비쩍 마른 말을 보고서도 한눈에 이 말이 천리마임을 알아봤다고 한다. 다른 이들은 모두 외면하는 비쩍 마른 말을 선택해 15일 동안 잘 먹이고 체력을 회복시켰더니 그 말은 잠깐 사이에 100리를 달릴 만큼 빠른 천리마로 둔갑해 있었다는 설화가 전해진다.

그래서 백락과 천리마 이야기는 '아무리 뛰어난 인재가 있어도 그를 알아보고 써주는 사람이 없으면 다 소용이 없다'라는 교훈을 전하는 데도 자주 인용되곤 한다. 여기서 유래해 사람을 보는 눈, 특히 능력 있는 부하 직원이나 젊은이를 알아보는 안목 있는 지도자를 비유하여 백락이라고 부르기도 한다. 잡담을 할 때 이런 용어를 사용한다면 자연스럽게 자신의 교양을 내보일 수 있을 것이다.

③ 예리하시네요 → 혜안이 있으시네요

혜안은 통찰력이 우수하다는 의미다. 사물의 본질과 뒷면까지 꿰뚫어보는 사람을 칭찬하는 표현이다.

윗사람, 웃어른에게 "○○씨는 사고력이 뛰어나시네요"라고 말하면 마치 더 높은 위치에서 평가하는 것처럼 거만하게 들릴 수도 있고 다소 무례하다는 느낌도 든다. 하지만 "혜안이 있으시네요"라고 바꿔 말하면 그런 느낌은 없이 칭찬의 의도만 전달할 수 있다. "역시 통찰력이 있으시네요"와 같은 말로 표현해도 괜찮다.

④ 천재 같아요 → 비범한 재능을 지니셨네요

친구의 놀라운 재능을 칭찬할 때 주로 어떤 말을 쓰는가? 가까운 사이에서는 '너는 정말 천재 같아', '네 재능은 정말 대박이야' 같은 말을 자주 사용하곤 한다. 하지만 비즈니스 자리에서 쓰기에는 적절치 않고, 무례해 보이기도 한다.

발군의 실력을 칭찬할 때는 다음과 같이 좀 더 점잖은 어휘를 사용할 수 있다. 평범하지 않은 사람, 보통 사람보다 뛰어난 사람을 가리키는 '비범하다', 실력, 기술이 뛰어난 것을 칭찬하는 '탁월하다', 다른 것보다 훨씬 뛰어난 상황을 표현하는 '특출하다', '유례가 없다', '빼어나다', '출중하다' 등이다.

⑤ 칭찬해주셔서 감사합니다 → ○○씨의 칭찬을 받다니 영광입니다

어릴 때나 성인이 되었을 때나, 칭찬을 받았을 때 그에 대응하는 일은 변함없이 참 어려운 일이다. "감사합니다"라고 넙죽 받아들이면 어딘지 모르게 뻔뻔해 보이고, 애써 칭찬해준 사람에게 "아니에요, 그렇지도 않아요"라고 고개를 내젓는 것도 예의에 어긋나는 것 같다.

이때 최고의 대처법은 그 칭찬을 상대에게 은근히 돌려주는 것이다. 상대방처럼 실력 있는 사람에게 칭찬을 받아 기쁘다는 마음을 표현한다. 이럴 때 '○○씨의 칭찬을 받다니'는 윗사람이 베푼 호의에 기쁜 마음을 드러내는 동시에 상대를 높일 수 있는 유용한 표현이다.

⑥ 기분 좋았겠어요 → 틀림없이 기쁘시겠어요, 얼마나 기쁘시겠어요

축하할 일이 생기면 함께 기뻐하고 싶어진다. '틀림없이', '필시', '얼마나' 같은 단어를 사용해 상대의 심경을 헤아리는 마음을 담아 말하자. 희로애락 중 어떤 감정에나 사용할 수 있

는 표현으로, 장례식에 참석해 유가족에게 인사를 할 때도 "갑작스러운 일에 얼마나 놀라셨을까요. 너무 상심하지 마시길 바랍니다"라고 활용할 수 있다.

⑦ 부러워요 → 닮고 싶습니다

직접적으로 "부러워요"라고 이야기하면 어린아이처럼 보인다. 게다가 부럽다는 말은 어찌 보면 질투처럼 보이기도 한다. 이런 표현은 삼가고 좀 더 품격 있는 말로 바꿔보자.

훌륭한 것에 감화되어 똑같은 상태가 되고 싶다, 자신도 그렇게 되고 싶다는 '동경'의 마음을 담아 '닮고 싶다'라고 돌려 말할 수 있다. "어쩜 그렇게 일을 잘하세요. 정말 닮고 싶어요", "나와 동기인데 벌써 이런 성과를 내다니, 나도 너를 닮고 싶어" 같이 말하면 상대도 더 칭찬받는다고 느낀다.

⑧ 참고하겠습니다 → 마음에 새겨두겠습니다

마음은 인격의 중심이다. '마음에 새겨둔다'라는 표현은 그만큼 조언을 소중하게 여기며 절대 잊지 않겠다는 뜻을 내포한다. '마음 깊이 명심하겠습니다'라는 표현도 사용할 수 있다.

이런 식으로 이야기하면 상대의 말을 확실히 기억해두고 참고하겠다는 자세를 보여줄 수 있기 때문에 상대도 기분이 좋아질 것이다.

조언이 아니라 어떤 일화를 들었을 때 사용할 수 있는 표현으로는 '감명을 받다'라는 표현이 있다. 깊이 감동해 그 기억이 오래도록 지속되는 상태를 가리키는 말이다. 귀중한 이야기를 들었을 때 인사말로 사용하면 좋은 표현이다. "감동했어요"라는 말은 너무 가볍게 느껴질 수 있으니, "감명받았어요"라는 말로 당신이 얼마나 감동했는지 듬뿍 표현해보자.

⑨ 그건 잘 몰라서 → 그 분야는 밝지 못해서

'명석하다明晳', '총명하다聰明'에 한자 '밝을 명明' 자가 들어가는 걸 보면 알 수 있듯이, '밝다'라는 말에는 사물을 잘 알고 있다, 한 분야에 대해 깊이 알고 있다는 의미가 있다. 그러므로 자세히 알지 못한다는 말을 '밝지 못하다'라는 표현으로 돌려서 말할 수 있다.

무턱대고 "그건 잘 모르겠어요"라고 말하면 책임감이 없어보인다. 사회인이라기보다는 어린아이나 학생 같은 말이다.

그러니 모른다는 말보다는 "그 분야에 제가 아직 밝지 못해서요……"와 같은 표현으로 돌려서 말하자. 그 정도만 말해도 상대는 당신의 마음을 짐작하고 친절하게 지혜를 베풀어줄 것이다. 거리에서 길을 묻는 사람에게 대답할 수 없을 때도 "이 주변 사정에는 밝지 못해서요"라고 밀힐 수 있다. '시투르다', '능통하지 못하다', '낯설다'도 같은 의미로 사용한다.

⑩ 처음 들었어요, 전혀 몰랐어요 → 제가 과문해서 그 이야기는 몰랐습니다

'과문寡聞'의 '과'는 '적을 과寡' 자를 사용한다. 충분히 공부하지 않아서 보고 들은 것이 적다, 지식이 부족하다는 것을 겸손하게 말하는 어휘가 '과문하다'다. 비슷한 표현으로는 '공부가 부족해서', '지식이 얕아서' 등이 있다. 다만 이런 표현은 상대에 따라 쓰지 않는 게 나을 때도 있다.

만약 당신이 상대방보다 나이가 많거나 경험이 많은데 "제가 과문해서……"라고 말하면 상대방은 비꼬는 말투로 받아들일 수도 있다.

⑪ 제 자랑 같아서 죄송합니다만 → 자화자찬입니다만

자신의 성공담을 이야기할 때에는 '자랑으로 들릴 것 같아 직접 말하기 어색하지만'이라는 표현으로 양해를 구하고 시작하는 것이 겸손한 인상을 줄 수 있다. 이를 좀 더 지적인 말로 표현하고 싶다면 '자화자찬'이라는 어휘를 쓰면 된다. 자화자찬이란 자신이 그린 그림을 스스로 칭찬한다는 뜻으로, 자기가 한 일을 스스로 자랑하는 것을 이르는 말이다.

같은 분야에 종사하거나 같은 공부를 한 선배에게 이야기하는 경우에는 "선배님께 이런 말을 하자니 오히려 부끄럽네요"와 같이 말해 상대를 동시에 칭찬할 수도 있다.

⑫ 그 정도는 아니에요 → 조금 즐기는 정도입니다

어떤 취미나 특기가 있다고 말하면 과할 정도로 치켜세워 부담스러울 때가 있다. 그럴 때마다 손사래를 치며 "그 정도는 아니에요"라는 말을 주로 사용해왔을 것이다. 이를 조금 더 점잖게 표현하자면 "조금 즐기는 정도입니다"라고 말할 수 있다. 좋아하기 때문에 하고 있기는 하지만 특별히 실력을 뽐낼 정도는 아니라는 뜻을 담은 겸손한 대답이다.

또한 주량에 대한 질문에도 이 표현을 사용해 점잖게 답할 수 있다. 전혀 마시지 못하는 건 아니지만 그렇게 센 편도 아닐 때, '적당히 마시는 정도'라는 뉘앙스를 담아 전달한다.

⑬ 그 부분은 피해주세요 → 헤아려주시기 바랍니다

회사 내 사정이나 개인적인 사정 등으로 질문에 전부 대답할 수 없을 때가 있다. 그렇다고 해서 "그 부분은 피해주세요", "그건 묻지 말아주세요"라고 단호하게 말하는 건 상대방에게 실례다. 특히나 이런 상황은 상대에 대해 잘 모르는 첫 만남에 발생하기 쉬운데, 첫 만남부터 까탈스러운 인상을 남긴다는 점에서 더 주의해야 할 표현이다.

자신의 사정을 이해해달라는 마음은 "그 부분은 헤아려주시기 바랍니다", "좀 헤아려주셨으면……" 같은 표현으로 전달해 배려를 부탁하는 동시에 상대의 도량을 세워주는 자세를 보이는 게 현명하다. 한자어로 표현하고 싶다면 '참작하다'라는 말도 쓸 수 있다.

⑭ 즐거웠습니다 → 만끽했습니다

식사, 여행, 콘서트 등을 마음껏 즐기고 만족한 기분을 나타낼 때 단순히 '즐겁다'라는 표현보다는 '만끽했다'라는 표현을 사용해보자. '마음껏', '흡족하게' 등의 표현을 활용해봐도 괜찮다. 예를 들어 스포츠 경기를 관람했다면 그저 즐거웠다는 말에 그치기보다는 "승리의 환희를 만끽할 수 있었던 시간이었어요", "흡족한 마음으로 관람했습니다"라는 말로 감상을 점잖게 말해보자.

⑮ 저 같은 사람이 말하는 것이 뭐하지만 → 주제넘은 말입니다만

'주제넘다'라는 표현은 말이나 행동이 건방져 분수에 지나친 데가 있다는 의미다. 다른 사람에게 충고를 하거나 반박을 할 때는 좀 더 조심스럽게 접근해, "이런 말씀을 드리는 건 주제넘은 일입니다만⋯⋯"과 같은 말을 붙여 전하려는 메시지를 부드럽게 전달한다. 이런 말을 하는 것이 건방지다는 건 스스로도 알고 있지만, 감히 말씀드리겠다는 겸손한 자세를 보여준다. 비슷한 표현으로 '무례한 말일지 모르지만', '외람되지

만' 같은 어휘가 있다.

⑯ 조금 지나친 말일지 모르겠습니다만 → 이렇게 말하면 어폐가 있을지도 모르겠지만

'어폐語弊'의 '폐'는 '폐해弊害' 같은 단어에 사용하는 한자다. 해로운 것, 나쁜 것을 의미한다. 똑 부러진 의견을 펼치다 보면 좋지 않은 인상을 줄 때도 있다. 옳은 말을 해도 "저 사람은 너무 고지식해"라는 말을 듣게 되는 불상사가 생기기도 한다. 그러니 좀 더 조심스럽게 양해를 구하면서 의견을 표현하는 게 좋다. 그 외에도 '사양치 않고 모두 말하자면' 같은 표현을 써도 좋다.

⑰ 전혀 그렇지 않아요 → 운니지차입니다

'운니지차雲泥之差'란 '구름과 진흙의 차이'라는 뜻으로 서로 간의 차이가 매우 심함을 이르는 말이다. 실력이나 품질 등에서 큰 차이가 있을 때 사용할 수 있는 교양 있는 표현이다. 혹은 하늘과 땅 사이와 같이 엄청난 차이를 뜻하는 '천양지차天壤之差'도 사용할 수 있다. 그 외에 '현격하다', '판이하다', '괴리가

있다'는 표현도 있다.

또한 '전혀 다르다'의 '전혀'라는 부분을 '정말로', '근본적으로', '본질적으로' 등으로 바꿔 말해도 교양 있다는 인상을 준다. 너무 사소해 보일지 모르지만, 원래 지성과 교양은 아주 작은 차이에서 느껴지는 법이다.

⑱ 지금이 힘내야 할 때예요 → 지금 중요한 국면에 놓여 있어서요

'중요한 국면'은 실패해서는 안 되는 중요한 시기, 승부에 나설 시기를 가리키는 표현이다. '국면局面'은 바둑이나 장기에서 승부의 형세를 이르는 말이기도 하다. 형세를 전환하는 중요 상황을 의미하는 표현으로 사용한다. 평소 가벼운 표현으로 너무 어린아이처럼 보이는 것이 걱정이었다면, 이런 어휘를 조금씩 더함으로써 어른스러운 이미지를 쌓아보자. 왜 이렇게 야근이 잦느냐는 질문에 "지금이 힘내야 할 때예요"라고 답하는 것보다는 "지금 제가 중요한 국면에 놓여 있어서요"라고 대답하는 편이 훨씬 어른스러워 보인다.

잡담 기술을 키우면
인생이 한층 더 즐거워진다

 평소와 같이 소파에 앉아 토크쇼를 보던 어느 날, 한 코미디언의 이야기를 듣고 있자니 '이 에피소드는 분명히 언젠가 들어본 적이 있는데?' 하는 묘한 기시감이 들었다. 곰곰이 생각해보니, 그 코미디언은 다른 심야 프로그램에서도 똑같은 에피소드를 말한 적이 있었다.

 갑자기 호기심이 생겨 그 코미디언이 출연했던 방송을 몇 개 더 보았더니, 그의 팬들이 주로 듣는 라디오 프로그램에서도 그 에피소드를 말한 적이 있다는 걸 알 수 있었다. 모든 방송을 다 찾아보진 못했으니 확인할 수는 없지만, 이쯤 되면 다른 방송에서도 몇 번 더 이야기했을 가능성이 농후하다. 상당히 마음에 드는 에피소드였던 모양이다. 추측하건대 그는 분명 방송 프로그램에서 선보이기 전에 가족과 동료들에게도 그 에피소드를 말하며 반응을 살폈을 것이다.

이 이야기를 들으면 누군가는 "코미디언이 방송마다 똑같은 이야기를 반복하다니 프로답지 않아"라고 비판할지도 모른다. 하지만 대화법 전문가의 입장에서는 무척 인상적인 일이다. 그 코미디언은 주변 사람들에게 이야기하고, 소수의 팬들이 듣는 라디오에서 이야기하고, 또 심야 프로그램에서 이야기하는 단계를 거쳐 조금씩 에피소드를 갈고닦은 것이다. 그 과정을 거치면서 주위의 반응을 관찰하며 더 재미있어하는 부분은 조금 부풀리고, 별로 웃지 않는 부분은 슬쩍 빼거나 다른 말을 가미하는 등 잡담 실력을 발전시켰을 테다.

잡담의 고수라고 할 수 있는 코미디언조차도 같은 소재를 몇 번이고 갈고닦으면서 완성시킨다. 이는 내게 놀라움을 주는 동시에 '잡담 실력을 발전시키는 법'에 대해 다시 생각해보는 계기가 되었다.

믿지 못하겠지만 당신도 눈치채지 못한 사이에 이런 단계를 거쳐 왔다. 자기소개를 생각해보라. 간단하게는 학교 다닐 때 친구들 앞에서 하는 자기소개부터 각종 면접과 직장 생활 그리고 거래처 사람들과의 만남까지, 우리는 몇십 번이고 자기소개를 한다. 그렇게 여러 차례 반복하면서 자기소개에 조금씩 익숙해진다. 처음에는 그 시간이 부담스러울지 몰라도 직장 생활이 익숙해질 즈음에는 아무렇지도 않아진다. 사람들에게 강렬한 인상을 남길 수 있는 자신만의 자기소개 비법도 만든다. 그렇게 몇 번의 연습을 거치며 멋진 자기소개를 만든 것처럼, 잡담도 반복하며 서서히 실력을 높이면 된다는 사실을 그 코미디언으로부터 배울 수 있었다.

나는 학원에서 여러 개의 반을 담당하고 있기 때문에 일주일에 서너 번은 같은 내용을 가르친다. 학생들이 어떤 부분을 어려워하는지, 어디를 더 꼼꼼히 설명해야 하는지 살피면서 수업을 다듬어가기 때문에 어쩔 수 없이 첫 번째 수업보다도 두 번째 수업에서, 두 번째 수업보다도 세 번째 수업에서 더 잘 설명할 수밖에 없다. 같은 소재로 연습을 거듭하면 대화 기술도 발전한다는 것을 매일 실감하고 있다.

여러분도 이런 과정을 거쳐서 언제든 쓸 수 있는 잡담 소재두세 개를 완성시키길 권한다. 곤란한 순간이 와도 확실히 분위기를 바꿀 수 있다고 자신하는 소재가 있다면 긴장하는 일 없이 잡담을 즐길 수 있을 것이다.

　내가 종사하고 있는 대학 수험 업계에서는 요즘 들어 '동영상 강의'가 주류로 떠오르고 있다. 하지만 나는 교실에서 학생과 마주하는 현장 강의 강사로 계속 일하고 싶다. 현장 강의가 동영상 강의보다 질이 높아서가 아니라, 단순한 내 선호의 문제다. 교실에서 학생들과 마주하며 수업하는 시간이 가장 즐겁기 때문이다.
　나는 내 학생들의 얼굴과 이름은 물론 성격까지도 파악하고 있다. '이 이야기를 하면 웃겠지?'라는 생각으로 어떤 잡담을 던지면 십중팔구 웃는다. '슬슬 집중력이 떨어질 때가 됐어' 싶으면 천천히 고개를 숙이는 학생을 발견한다. 그때는 질문을 던지기도 하고 시시콜콜한 잡담을 나누기도 하며 학생들의 주의를 환기시킨다. 이들이 내 잡담에 웃어주거나 예상 밖의 질문과 대답으로 큰 재미를 주는 수업 시간이야말로 내게는 가장 소중하다. 이렇게 분위기 좋은 수업이 가져다주는 즐거움은 잡담에서 대화가 풍성해졌을 때 느끼는 즐거움과 꼭 닮아 있다. 더 많은 사람이 나처럼 누군가와 직접 만나 커뮤니케이션하는 즐거움을 느꼈으면 좋겠다. 이것이 내가 이 책을 쓰게 된 동기 중 하나다.

잡담은 특별한 것도, 어려운 것도 아니다. 그건 마치 우리의 일상생활에서 자연스럽게 흐르고 있는 공기나 다름없다. 그 시간을 즐길 수 있다면 일도 생활도 보다 긍정적으로 느껴지지 않을까. 부디 즐거운 잡담으로 모두가 마음이 풍요로운 나날을 보내길, 그리고 이 책이 그 발걸음에 함께하길 바란다.

옮긴이 **부윤아**

어린 시절부터 다른 사람의 책장을 구경하기를 좋아하다가 번역가가 되었다. 경제 무역학을 전공하고 20대에는 공연기획 일을 했다. 현재 글로하나 출판 번역 에이전시에서 일본어 전문 번역가로 활동하고 있다. 옮긴 책으로는 『그 녀석, 지금 파르페나 먹고 있을 거야』, 『지극히 작은 농장 일기』, 『행운은 반드시 아침에 찾아온다』, 『당신의 일은 안녕하십니까』 등이 있다.

말 잘하는 사람은 잡담부터 합니다

초판 1쇄 발행 2020년 6월 15일
초판 4쇄 발행 2022년 12월 20일

지은이 요시다 유코
옮긴이 부윤아
펴낸이 김선식

경영총괄 김은영
콘텐츠사업본부장 임보윤
책임편집 문주연 **크로스교정** 조세현 **책임마케터** 이고은
콘텐츠사업1팀장 한다혜 **콘텐츠사업1팀** 윤유정, 성기병, 문주연, 김세라
편집관리팀 조세현, 백설희 **저작권팀** 한승빈, 김재원, 이슬
마케팅본부장 권장규 **마케팅2팀** 이고은, 김지우
미디어홍보본부장 정명찬 **디자인파트** 김은지, 이소영 **브랜드관리팀** 안지혜, 오수미, 송현석
크리에이티브팀 임유나, 박지수, 김화정 **뉴미디어팀** 김민정, 홍수경, 서가을
재무관리팀 하미선, 윤이경, 김재경, 안혜선, 이보람
인사총무팀 강미숙, 김혜진 **제작관리팀** 박상민, 최완규, 이지우, 김소영, 김진경, 양지환
물류관리팀 김형기, 김선진, 한유현, 민주홍, 전태환, 전태연, 양문현, 최창우
외부스태프 표지·본문디자인 디스커버

펴낸곳 다산북스 **출판등록** 2005년 12월 23일 제313-2005-00277호
주소 경기도 파주시 회동길 490
전화 02-702-1724 **팩스** 02-703-2219 **이메일** dasanbooks@dasanbooks.com
홈페이지 www.dasan.group **블로그** blog.naver.com/dasan_books
종이 IPP **출력 및 인쇄** 민언프린텍 **코팅 및 후가공** 제이오엘앤피 **제본** 정문바인텍

ISBN 979-11-306-3003-8 (13320)

다산북스(DASANBOOKS)는 독자 여러분의 책에 관한 아이디어와 원고 투고를 기쁜 마음으로 기다리고 있습니다.
책 출간을 원하는 아이디어가 있으신 분은 다산북스 홈페이지 '투고원고'란으로 간단한 개요와 취지, 연락처 등을 보내주세요.
머뭇거리지 말고 문을 두드리세요.